12,–

77781

Leszek Kolakowski, Gespräche mit dem Teufel

Martin Claßen

W0284449

Gibt es eine Patentlösung, wie man mit dem Bösen ein für alle Mal fertig werden könnte? Für jeden Teufel einen Gegenteufel, empfiehlt Kolakowskis Pater Bernardus. Dieses spitzfindig dialektische Rezept erprobt der Autor mit acht Diskursen über das Böse in einem grandiosen rhetorischen Feuerwerk.

Gestalten des Testaments, Figuren aus Mythologie und Geschichte von Petrus und Orpheus bis zu Luther und Schopenhauer erproben sich als »Gegenteufel der Weltgeschichte« in Monolog und Dialog, reden mit oder über den eingebildeten oder vorhandenen Satan. Kolakowski entmythisiert, was bereits in Legenden erstarrt ist, indem er seine »Helden« in eine menschliche Perspektive zwingt, um an ihnen gleichsam neue Modelle der Wahrheit zu erproben. In satirischer Absicht wird uns hier ein Zerrspiegel vorgehalten, in dem scheinbar die Kategorien von Gut und Böse aufgehoben sind, um einer kritischen Erkenntnis willen.

Leszek Kolakowski, 1927 in Radom (Polen) geboren, Studium der Philosophie, 1958 Lehrstuhl für neuere Philosophiegeschichte an der Warschauer Universität. Wegen seines Eintretens für oppositionelle Studenten 1966 aus der KPP ausgeschlossen, 1968 Verlust des Lehrstuhls, Ausreise aus Polen. Seit 1970 am All Souls College in Oxford. 1975 Gastprofessur in Yale.

Serie Piper:

Leszek Kolakowski

Gespräche mit dem Teufel

Acht Diskurse über das Böse

R. Piper & Co. Verlag

Aus dem Polnischen von Janusz von Pilecki.
Die Originalausgabe erschien unter dem Titel »Rozmowy z diablem« bei Panstwowy Instytut Wydawniczy, Warschau 1963.

ISBN 3-492-00409-1
Neuausgabe 1975
3. Auflage, 11.–12. Tausend 1977
(2. Auflage, 5.–6. Tausend dieser Ausgabe)
© Leszek Kolakowski 1963
© der deutschen Ausgabe R. Piper & Co. Verlag, München 1968, 1975
Umschlag Wolfgang Dohmen
Gesetzt aus der Garamond-Antiqua
Gesamtherstellung Clausen & Bosse, Leck
Printed in Germany

Inhalt

1 Die große Predigt des Pater Bernardus

Meine Herzallerliebsten, ach, ihr Lieben alle, es ist eine große Sache, von der ich euch hier und heute künden will – aber vielleicht ist sie auch gar nicht riesengroß, was red' ich, natürlich ist sie nicht groß, klein ist sie, winzig, das allerkleinste Ding auf Erden, denn wenn der Schöpfer der größte ist, dann muß wohl derjenige, der sich ihm am heftigsten widersetzt, notwendig zum Allerkleinsten zählen, zum Allerwinzigsten, ganz richtig, also reden wir nicht von großen Dingen, sondern von etwas ganz, ganz Geringem, von etwas, das schon beinahe ein Nichts ist, prope nihil, weil es eben von Gott am weitesten entfernt ist. Ihr werdet mich fragen, ihr Lieben alle, was denn nun dem Schöpfer am meisten entgegengesetzt sei, und ich will euch die Antwort darauf geben: Ihr wißt es, ihr Lieben, ihr kennt den Namen dessen, der sich mit seiner abscheulichen Winzigkeit Gott und seiner Größe am heftigsten widersetzt, hoho, ihr kennt seinen Namen sehr wohl, ich würde sogar behaupten, daß ihr – so ihr überhaupt irgend etwas kennt – eben und vor allem anderen *es* kennt, oder besser – *ihn* kennt – ihn, den Winzigen, Listigen, Schuftigen, den Verhöhner, den Spötter und Bösewicht, ihr kennt ihn, kennt ihn gewiß, ich sag' es noch einmal, und wenn ihr ihn kennt, warum sollte ich euch da noch viel von ihm erzählen? Ich erzähl's euch dennoch, oh ja, ihr Lieben, weil ihr ihn nämlich kennt und doch nicht kennt, denn ihr macht eure Bücklinge vor ihm und dient ihm, ihr Liebsten mein, Tag für Tag, Stunde um Stunde – was sag' ich, Minute für Minute, unentwegt, pausenlos seid ihr dabei, ihm zu dienen – und so scheint es, als kenntet ihr ihn, während ihr doch, meine Brüder und Schwestern, in Wahrheit gar nicht wißt, wer er ist und woher seine Kraft stammt, das heißt – Kraft hat er keine, denn er widersetzt sich Gott nicht mit Hilfe seiner Stärke, sondern eben mit seiner furchtbaren Schwäche, er widersteht Gott und seiner Macht mit Hilfe seiner schrecklichen Ohnmacht, wie kommt es also, daß ihr in die Fangeisen seiner grausamen Schwäche geratet? Warum tragt ihr ihn auf euren Armen, hegt und pflegt ihr ihn, warum hofiert ihr ihn so, ihr Liebsten mein, und liebkost ihn, warum nur, warum ...

Ganz erschöpft bin ich, ihr Lieben, kann kaum mehr schnaufen, kaum Atem holen, doch es tut nichts, meine Teuren, es tut nichts, ich hatte euch doch nur gleich vom Fleck weg von ihm, dem Kleinsten, berichten wollen, ich tu's auch sofort, ich erzähle euch alles, was not tut, und zwar deswegen, meine Allerliebsten, weil ihr von nun an genau Bescheid wissen sollt, wie man seinen Kniffen entgegentreten, seinen Schlichen begegnen muß, wie man seine Fallen und Fallgruben umgeht, seiner Schlauheit widersteht, seine Hiebe pariert, seine Listen durchschaut, seine Lügen entlarvt, Betrügereien aufdeckt, wie man all' seine unendlichen Bosheiten mitleidlos widerlegt.

Wo aber verbirgt sich seine ganze teuflische Heimtücke, wo nisten die Betrügereien und Boshaftigkeiten, wo soll man sie suchen, wie sich ihrer erwehren, ihr Lieben, wo findet man jenes satanische Nest, um dann im Neste selbst den Feind ein für allemal vernichtend zu schlagen? – das ist es, da habt ihr das Thema der heutigen Predigt, das, meine Brüder und Schwestern, wovon ich euch reden werde, oder vielmehr schon rede, eben jetzt rede, hört zu, hört gut zu und vernehmt, was ihr ohnehin wißt, nur daß es eben leider nicht ausreicht, es zu wissen, es kommt nämlich darauf an, daß ihr wissen müßt, daß auch ich es weiß, ich, euer Hirte und Beschützer, euer Berater und Bewahrer angesichts des teuflischen Zorns. Nirgendwo anders nämlich hat sich der grausame Höllenfürst seine Heimstatt gewählt als ausgerechnet in euch selbst, jawohl, in euren Seelen und Eingeweiden, dort hockt er, dort hat er sicheren Unterschlupf gefunden, dort haust er in fürstlich bequemen Schlössern, von dorther zettelt er, um euch zu verderben, belauert er eure Unschuld, ihr Lieben, von dorther schießt er seine Bosheiten ab und verspritzt er sein Gift, jawohl, ihr selbst tragt ihn in euch, tief drinnen, wie Jonas den Wal, wollte sagen, wie der Wal den Jonas, aber vielleicht geht es hier gar nicht um Jonas oder den Wal, denn all das ist unwichtig, das heißt der Jonas ist wichtig, weil er ein Mann Gottes war, nur der Wal war unwichtig, eben weil er kein Mann Gottes war, darum geht es auch gar nicht um den Wal, und ohne Wal kein Jonas, lassen wir alle beide, den Jonas wie den Wal, schließlich geht es um anderes, also, zur Sache, was hab' ich doch eben sagen wollen, ach ja, daß ihr also den Verräter in euch, in eurem Innern tragt, genau im Mittelpunkt, nicht etwa nur in einem Teilchen des Leibes, im Kopf oder in den Beinen, nein, überall, überall, in jedem winzigsten Bestandteilchen eurer unflätigen Leiber und eurer ebenso unflätigen Seelen, dort, ihr Allerliebsten, ihr Teuren, tragt ihr die Satansseuche, die teuflische Kraft oder vielmehr Schwäche, wie ich schon sagte, in euren Köpfen hockt er, der Versucher, und umgarnt eure Gehirne, und in den Bäuchen sitzt er, im Magen, der Freßsack, und in den Schamteilen, die zum Zeugen gut sind, meine Brüder und Schwestern – hoho, seht nur, wie er sich hier breitgemacht hat, der Wüstling, der unersättliche, auch in der Leber lauert er, meine Lieben, und schnaubt Gift und Galle, und im Herzen, wo die unreinen Gedanken schlüpfen, im Blut, wo er euch zu grausamen Untaten anstiftet, in euren schamlosen Händen hockt er, und was er mit ihnen für Scheußlichkeiten anstellt, im Gedärm sitzt er ebenfalls, und wie, und in den Augen, auch in den Augen siedelt er und linst begierig in die Welt, in den Ohren, die nach Neugkeiten dürsten, auf der Zunge – hoho, ihr solltet einmal sehen, wie er es sich auf der Zunge gemütlich gemacht hat und Verleumdungen speit und wild drauflos lästert und lügt und Gott verhöhnt, überall, Geliebte, überall, vom Scheitel bis zur Sohle, bekriecht er euch, der unreine Spötter, all' eure Glieder wiegelt er zur Sünde auf, er läßt euch tanzen wie Marionetten, verleitet euch, Böses zu tun, bedrängt euch, verspricht, überzeugt, gräßliche Dinge läßt er euch tun, und ihr, meine Allerliebsten, ihr leistet ihm Gehorsam, fallt seinen grausamen Krallen zum Opfer, könnt euch seiner nicht erwehren, alle seid ihr hoffnungslos seiner Herrschaft verfallen, Männer wie Weiber, Mädchen wie Knaben, Greise, Greisinnen, Kinderlein, die kaum richtig laufen gelernt haben, was sag' ich – Säuglinge, Neugeborene, ach was! – selbst die Frucht, die noch im Mutterleibe schlummert, die kaum eben gezeugt ist, alle, alles, ach! Welch' Abgrund an Verzweiflung, meine Allerliebsten, welche Trauer, euch so sehen zu müssen, euch, die der Widersacher versklavt und zu schändlichem Dienste gepreßt hat, euch, die er dem Gelächter preisgegeben, die er als Opfer des göttlichen Zorns ausersehen hat, denn wisset, ihr Lieben: schon längst ist die Axt an die Wurzeln gelegt, iam enim securis ad radicem arborum est posita …

Oh meine lieben Freunde, wenn ihr doch einen einzigen aufmerksamen Blick auf eure Seelen werfen würdet, sie euch gewissenhaft ansehen und eurem Gewissen den kleinsten Nadelstich versetzen würdet, du gütiger Himmel, was würde sich da wohl vor euch entschleiern, was erschiene da wohl vor euren Blicken, Gott behüte, sag ich noch einmal, und dabei meine ich nicht einmal die Schlimmsten unter euch, jene, die schamlos Witwen und weinende Waisen erpressen, Männer töten, Leiber und Seelen durch – Grund-gütiger Himmel! – durch unzüchtige Sodomie beflecken, sie alle meine ich nicht, sondern eben jene Allerbesten, Saubersten, jene, die von sich selbst glauben, in makelloser Reinheit vor dem Angesicht Gottes zu wandeln und es die anderen glauben machen, sie also sind es, denen sich das ganze höllische Grauen und die Scheußlichkeit ihrer Seelen offenbaren würde wie ein schrecklicher, mit wimmelnden Schlangen gefüllter Abgrund, sie sind es, die dann erkennen müßten, wie sie in all ihrer scheinbaren Reinheit Stunde um Stunde unseren Erlöser ans Kreuz nageln, und dies in ihren eigenen Seelen, wie sie ihn aufs Scheußlichste quälen, seine Seite mit der Lanze durchbohren und seine Lippen mit Galle netzen; sie sind es, die beim Anblick der eigenen pechschwarzen Finsternis die eigene Seele fliehen müßten, als hätten sie eine Ratte berührt oder eine Blindschleiche, wo sie sich Samt und Seide erhofft hatten, oh welches Grauen, ihr Allerliebsten, welch grausamer Verrat, welche Heimtükke des Satans, o wehe, wehe... Denke nur, Bruder, denke, Schwester, wieviel teuflische List sich in deiner – ich sage nicht Unreinheit – sondern eben in deiner Reinheit verbirgt, in deiner Güte, deiner Liebe und Rechtschaffenheit, denk' nur, wie der freche Höllenhund auf deine ewige Verdammnis wartet und dir die listigsten Fallen stellt und sich überall eindrängt, überall hineinschlängelt, in deine unschuldigen Gedanken und Worte und Taten, wie er in alles sein tödliches Gift einsickern läßt, und tröpfelt und tröpfelt, denk nur, mit welcher Zartheit er – nur, um dich um so müheloser zu umgarnen – dich nicht etwa zum Bösen drängt, sondern eben zum Guten, und wie er dann dieses Gute mit seiner Heimtükke durchtränkt, es verunreinigt und schändet, als würde er – ohne hier einen anzüglichen Vergleich anführen zu wollen – in edlen Wein hineinpissen! Dann freut er sich und frohlockt, dann kichert er vor lauter Entzücken, weil er dich, lieber Bruder, und dich, liebe Schwester, so elend betrogen hat, daß du nicht einmal wahrnimmst, wie dein ganzer edler Glaube in einer einzigen Flamme der Gotteslästerung brennt, wie deine

Nüchternheit die widerlichste Trunkenheit ist vor Gottes Angesicht und all' deine Reinheit nichts weiter als zügelloseste Ausschweifung, deine Demut – nichtswürdigster Hochmut, dein Mut – stinkende Feigheit, deine Großzügigkeit – schamloser Geiz, und deine Wahrheitsliebe – Lüge, die rachedürstend zum Himmel schreit. Liebster, geh in dich, und du wirst sie in ihrer Nacktheit sehen: Abscheulichkeit, grausame Verbrechen, widerlichste Fäulnis. Denn wärst du dreist ein Märtyrer und ertrügst um des Glaubens willen härteste Plagen, weshalb wohl tätest du es, was erhofftest du dir in der Tiefe deiner Seele, wenn nicht dies, daß dir im himmlischen Tempel die Krone der Heiligkeit verliehen werde, daß du voller Hoffahrt zu Füßen des göttlichen Thrones sitzen und mit deiner Heiligkeit prahlen kannst, so sage mir, sage mir endlich, worum es dir wirklich geht? Du weißt es nicht? Um dich selbst geht es, um dies Eine, um diesen einzigen Menschen, den du wahrhaftig liebst, mißachtend das göttliche Heil, hintanstellend die Ehre des Erlösers und Seine allerheiligste Pein; und wenn du üppige Almosen spendest, wozu tust du dies wohl, mein Bruder, und du, meine Schwester, wenn nicht aus dem Grunde, um vor Gott und den Menschen eitle Verdienste aufleuchten zu lassen, wem anders schenkst du den Groschen als dir selbst, oh du mein Allerliebster, in der stillen Hoffnung, es möge sich jeder gespendete Heller in einen goldenen Dukaten verwandeln? Und die unbefleckte Reinheit, in welcher du lebst, und dein Bemühen, den Leib durch Fasten und Geißeln zu martern, wozu das alles, du mein heißgeliebtes Würmchen, wenn nicht eben darum, weil du dich dieses deines Kadavers nach erfolgter Wiederauferstehung nach Herzenslust erfreuen möchtest, auf daß ihm Gott behüte auch ja nichts Schlechtes widerfahre, weder im Fegefeuer noch in den Qualen der Hölle? Aber all' deine Berechnungen, Bruder, all deine Kalkulationen – sie sind falsch und hinfällig, Gott nämlich durchschaut Satans Tücke, und kaum hast du dich versehen, schon loderst du in Pech und Schwefel oder gefrierst zu Eis für ewige Zeiten, zum Lohn für deine Reinheit und all' die Kasteiungen, denen du dich unterworfen hast, für deine Gerechtigkeit und deinen Glauben, alles mußt du nun bitter büßen, mein Lieber, denn es gibt nichts, was du tun, und keine Ehrung, die du dir ausdenken könntest, ohne daß teuflische Einflüsterungen dahinterstünden, das sage *ich* dir, mein Täubchen, und wenn du vor Demut dreist zu Staub zerfielest, so wäre dieser Staub für alle Ewigkeit ein Nistplatz für die Schlange der Hoffart, und würdest du Berge versetzen mit deinem Mut, so hüpften ängstliche Hasen darunter hervor, und setztest du mit deiner Rechtschaffenheit die ganze Welt in Erstaunen, so würde *Er* dich dennoch durchschauen, als seist du nichts weiter als kristallklares Glas, Er, der dich auf Herz und Nieren prüft; und er würde die schrecklichste Ungerechtigkeit in dir entdecken – ich sage ausdrücklich Ungerechtigkeit, denn es gibt keine größere Ungerechtigkeit und kein schlimmeres Unrecht dem Schöpfer gegenüber, als sich selbst über seine Größe stellen zu wollen, dies aber tust du, dir nämlich soll diese Ungerechtigkeit ein festes Fundament verleihen, dir nur dienen, an dich selbst denkst du, und an nichts weiter; mutig bist du aus lauter Feigheit – denn du fürchtest die Rache Gottes, fasten tust du aus lauter Freßgier – weil du nicht willst, daß dir das Urteil Gottes am Tage des letzten Gerichts die Nahrung versagt, arbeiten tust du aus lauter Faulheit – weil du glaubst, daß man dich zur Stunde der göttlichen Rache für alle Zeit von der Arbeit befreit, deinen Nächsten liebst du aus grausamem Haß – weil du nicht willst, daß dir jemand in der Gunst des Himmels zuvorkommt, deine Großherzigkeit entspringt purem Neid, deine Ehrlichkeit übler Heuchelei. Sieh dich nur um, Bruder, versenke dich suchenden Auges in dein Inneres, und es wird dich ein solches Grauen ankommen, daß sich dies Bild für ewige Zeiten in deine Seele eingraben wird. Ist es denn überhaupt dein Bild? Unzweifelhaft das Deine, denn du bist es ja selbst, und zugleich auch ein fremdes, weil es der Satan ist, der in deiner Seele regiert und sich dir in all seiner Abscheulichkeit zeigt, und dann erkennst du, mein Fischlein, wie sehr du eins bist mit deinem Versucher, wie wenig man euch voneinander unterscheiden kann, wie hinter allen deinen Heiligtümern der boshafte Dämon sein Gebiß fletscht, und wie es an deinem ganzen Körper kein noch so winziges Teilchen und kein einziges Härchen gibt, das nicht vom Teufelsgift durchtränkt wäre, und wie sich – selbst wenn du Leib und Seele in noch so viele Einzelteile spalten und jeden dieser Teile in eine Million winzigster Splitter zerteilen würdest, von denen wiederum jeder einzelne in eine Million noch kleinerer zerfiele – wie sich also selbst von jedem dieser allerwinzigsten Bruchteilchen der giftige Hauch der Hölle selbst ausbreitete, den jedes nasenlose Huhn wittern, jede blinde Fledermaus sehen und jeder stumme Fisch mit einem Entsetzensschrei begrüßen würde. So ist das, geliebteste Brüder und Schwestern, so ist das, und es läßt sich nichts dagegen tun, weil ihr nämlich bis tief ins Mark vom Höllengift zersetzt seid, weil euch der haßgeifernde Wüterich mit seinen subtilen Zaubertricks schon restlos an sich gekettet und gefesselt, euch geknebelt und versklavt hat, und selbst wenn ihr wer weiß wie toben und aus der Haut fahren würdet, so müßtet ihr dennoch nach seiner Pfeife tanzen, mit seiner Zunge sprechen, seinem Willen gehorchen und Dinge tun, die er euch eingibt, und dabei droht euch, ach, schlimmstes Verderben, es hängt über jedem von euch, denn Gottes Gericht ist unfehlbar, und keine Sünde bleibt ungerächt, in euch aber gibt es nichts als Sünde, faustdicke Sünde, eure Gebete sind gräßliche Lästerungen, eure Danksagungen übelste Schmähung, eure Ehrenbezeugungen – blutiger Hohn für die Leiden unseres Erlösers, und jeder einzelne eurer Gedanken, jedes eurer frommen Worte, jede mitleidige Tat – all dies sind lauter Peitschenhiebe, die Seinen gequälten Leib in blutige Fetzen reißen und ihm keinen Frieden gönnen, oh ihr grausamen Henker, ihr nichtswürdigen Schinder, da steht es vor euch, euer getreues Konterfei, morscher Strunk und mürbes Tuch, die ihr seid, Aas am Wegrand und Schafskot, so ist es nun einmal, meine lieben Brüder ...

Und ich sorge mich von Herzen, ich gräme mich und bekümmere mich, liege wach in den Nächten, vergieße bittere Tränen und stöhne, stöhne, und flehe um Erleuchtung, so sehr ist mein Herz von schmerzlicher Sorge durchdrungen, ich nässe mein Brot mit Tränen, und meine Gebeine sind wie dürres Holz, weil ich unentwegt denken und grübeln und abwägen muß, meine Lieben, wie ihr denn wohl mit jenen Unreinen zu Rande kommt, wie ihr den gierig gekrümmten Krallen entgeht, während er euch ohne Unterlaß würgt und würgt, euch mit seinem haarigen Knie die Gurgel abdrückt, die Zähne fletscht und um euch kreist und sucht, wen er wohl fressen könnte, so bin ich denn vor lauter Kummer das reinste Grabmal, mit Kalk geweißt, auf daß es von außen her prächtig ausschaut, während es doch innen voll von Totengebeinen ist – nein, es geht mir nicht darum, ihr, meine Brüder, ihr seid die geweißten Grabmäler, vergiftete Geister, durch und durch verseucht von satanischem Geifer, triefend von verbrecherischer Bosheit – wie wollt ihr euch also helfen, wer wird euch unterstützen, euch die Hand reichen, wer eure verkrüppelten Glieder mit den Krücken der Liebe versehen, wer, frage ich, denn es kann schließlich der Blinde nicht den Lahmen führen, ihr selbst stoßt die helfende Hand beiseite, weil ihr euch längst an die teuflische Lust gewöhnt habt, weil ihr euch darin wohlfühlt, in diesem Dung, und euch eures fürchterlichen Bündnisses mit dem Satan auch noch rühmt, den Sumpf auch noch segnet, in dem ihr steckt, und weil ihr in eurer Blindheit nicht seht, wie er euch ewige Verdammnis bereitet, weil eure tauben Ohren Gottes Stimme nicht hören, eure stummen Münder Gott nicht mehr zu rühmen wissen und stattdessen nur noch Schmutz und Lüge speien, und nichts, meine Lieben, nichts kann euch mehr retten.

Wirklich nicht? Und doch, Brüder: laßt uns Rettung suchen, fieberhaft, eilig, atemlos, denn schon naht der Augenblick, schon wird die Zeit knapp, der Tag des Herrn ist heimlich wie ein Dieb und hat keine Zeit mehr zu verlieren, suchen wir geschwind, auf der Stelle, nach dem rettenden Mittel, dem Medikament, nach Hilfe, dem stützenden Stab für die Lahmen, dem Licht für die Blinden, suchen wir ohne zu säumen, vielleicht findet sich etwas, irgendwie, irgendwann, Brüder, laßt uns gemeinsam auf Rettung sinnen, denn dort wird es zu spät sein, dort werden uns nur noch grausame Trauer und tiefe Verzweiflung zerfleischen, dort stirbt der Wurm niemals, drum suchet, ihr Lieben, schauet aus nach Rettung, schreit um Hilfe! zögert nicht, schmaler Saumpfad im finstern Wald, lauft, rennt um Wasser, wohin ihr könnt, die Feuersbrunst hat die ganze Stadt umfangen, das Land, die Welt, Wasser, Wasser ...

Ja, ja, ihr Allerliebsten, ein Königreich von Dämonen tragt ihr in eurer Seele, jeder für sich, und alle gemeinsam, ein Reich der Finsternis, wie sollen wir denn gegen ein ganzes Königreich kämpfen, wir schwachen Menschlein, wie sollen wir sie je überwinden, die feindliche Macht höllischer Bosheit, wie den Dämon zum Gehorsam zwingen? Es geht, ihr Lieben, es gibt einen Weg, nur heißt es gewaltig aufpassen, die Worte des Evangeliums eifrig lesen und Hilfe in ihnen suchen, Erquickung und Trost, und schon findet ihr alles – Arznei gegen Verzweiflung und teuflische Durchtriebenheit, und Balsam jeglicher Art, wenn ihr nur sorgsam achtgebt, doch wozu sage ich das, ihr gebt ja doch nicht acht, habt ganz andere Dinge im Kopf, was solltet ihr auch mit dem Evangelium, mit den Propheten, was bedeutet euch schon Lektüre, wo ihr doch auf Dieberei aus seid und auf Doppelzüngigkeit, auf Essen und Trinken, Geizkragen verfluchte, Wüstlinge und Dirnen, Freßsäcke und Mörder, neidische Ungeheuer, nichts bedeutet euch das Evangelium, gar nichts, oh ihr Lumpen. Schurken seid ihr, meine Herzallerliebsten, wo finde ich denn noch Rettung für euch, denn eine Rettung muß es schließlich geben, dieser Jubel im himmlischen Reich, wenn auch nur einer bekehrt wird von euch unreinen Ferkeln und Ehebrecherinnen, oh ihr geliebten Brüder, stoßt die helfende Hand nicht beiseite, es ist der letzte, allerletzte Augenblick, horchet, lauschet, hier spricht das Evangelium, die Stimme des Erlösers, Matthäus, Kapitel acht: »Wenn aber der Satan den Satan austreibt, so ist er in sich selbst gespalten, wie soll da sein Königreich bestehen?«

Nun, nun – hab' ich's euch nicht gesagt? Wie? Es gibt eine Rettung, es gibt sie, jawohl! Der Erlöser sagt uns, wie der Satan zu stürzen, wie der Unreine zu verderben sei, wie man mit dem Dämon ein für alle Mal fertig werden könne, oh diese Freude, ihr Lieben, also gut, gut, wir wissen es nun, wissen alles, genau darum geht es, nämlich, daß die Herrschaft des Satans nicht von Bestand bleibe, seine Herrschaft, die in uns ist, besser gesagt: in euch, ihr Lieben, Allerliebsten, daß diese Herrschaft zweigeteilt, gleichsam zersägt, wie ein Wurm zerquetscht werde, jaja, wir wissen nun, wie so etwas zu bewerkstelligen ist...

Ihr erkennt somit, meine Teuersten, daß ihr nicht allein fähig seid, den Anfechtungen des Satans zu widerstehen, sondern daß euch dies leicht fallen wird, was sage ich – das leichteste auf der Welt wird es sein, eine Lappalie, eine Lächerlichkeit, ohne die geringste Anstrengung, ein Wink genügt, und schon zerfällt die höllische Maschinerie zu Staub, schon schwinden die unlauteren Pläne der unreinen Kräfte dahin. Wie einfach das ist, wie simpel, meine Kinderlein, wie schwach er ist, der Kaiser der Finsternis, jedes neugeborene Kind vermag seine Hoffart und Heimtücke zu zerstreuen, ihm die Waffe aus der Hand zu schlagen – wenn man nur weiß, ihr Täubchen alle, bis in alle Einzelheiten hinein weiß, wie man die Sache anpacken muß. Wir aber wissen es, ihr wißt es, ihr Teuersten, worauf das Ganze beruht, wo der Kern steckt, welches die Waffe ist, die den Gegner in rauchende Asche verwandelt – in den Worten des Erlösers ist alles enthalten – treibt der Satan den Satan aus, so hat seine Herrschaft keinen Bestand, und so gibt es gegen den Teufel nur dieses eine einzige Mittel – nämlich den Teufel mit dem Beelzebub auszutreiben, ihn mit seiner eigenen Waffe zu fällen, das Böse mit dem Bösen auszutilgen, seine giftigen Kräuter mit dem eigenen Gift zu bekämpfen, dies, meine Allerliebsten, ist das Mittel, dies ist die Rettung, die Erlösung, der königliche Pfad ewigen Lebens, die Straße, die zum himmlischen Licht führt, die Schändung der Hölle selbst, ach, welches Glück, ihr Teuren, daß uns Gott dieses Mittel offenbart hat, daß er es uns ermöglicht hat, dem schändlichen Rachen des Dämons zu entrinnen, welch' Glück, welch' trefflicher Hochzeitsschmaus, welch' hohes Vergnügen, Erlösung gleichsam aus tödlichem Sumpf, »französischer« Krankheit Heilung, Errettung aus schäumender Woge und wirbelndem Meeressog...

Frischauf denn, meine Brüder, laßt uns den Teufel mit dem Teufel austreiben, ohne ihm Ruhe zu gönnen, laßt uns Verwirrung tragen in die höllischen Reihen, der Dämone Marschordnung zerstören, laßt uns den einen Teufel auf den anderen, den anderen wiederum auf den ersten hetzen und im Reich des Bösen ein solches Durcheinander stiften, daß es – von der eigenen Wut verzehrt – zu Staub zerfällt. Ihr werdet mich fragen, wie das denn eigentlich sei, wenn man den Teufel mit dem Beelzebub austreibt und den einen Luzifer auf den anderen hetzt? Ich will euch antworten, sogleich, ihr Lieben, bis alles ganz klar und einfach ist, bis euch die Schamröte ins Gesicht steigt, weil ihr eine so simple Sache nicht selbst bemerkt habt. Es dreht sich im Grunde nur darum – sofern es sich überhaupt um irgend etwas dreht, und ob es sich dreht oder nicht, das wollen wir hier erst gar nicht ergründen – nur darum also, ihr Allerliebsten mein, daß man sich klug auf die Lauer zu legen und für jede teuflische Anfechtung eine Riposte parat halten muß, die dem Versucher entgegenschlägt wie eine saftige Maulschelle, gewiß, gewiß, meine Freunde, einen wirksamen, zuverlässigen, effektvollen Gegenschlag – für jeden Teufel einen Gegenteufel, ohne jegliche Rücksicht, ausschließlich mit dem Ziel, Verwirrung im Reiche des Bösen zu stiften, wie du denn auch, um ein Beispiel zu zitieren, wenn dich, mein Herzchen, die blinde Verzweiflung packt, diese Verzweiflung – nun, womit wohl besiegen wirst? Ganz klar, mein Herzlieb – mittels der Ausschweifung natürlich, mittels gräßlicher, abgefeimter, schamlosester, anstößigster, unbeschreiblich schrecklicher Ausschweifung; und wenn dich der Versucher zur Ausschweifung verleiten will, wenn er dir trügerische Geschlechtswollust verspricht, dich lockt, dir süßeste Bilder vorgaukelt und wollüstige Flammen in dir schürt – dann weißt du dir, mein Fischlein, eine andere Sünde, um seinen schlüpfrigen Einflüsterungen zu begegnen – nämlich eine Trunkenheit, die so gewaltig ist, daß sie des Körpers sämtliche Glieder lähmt und Leib und Seele gleich einem Starrkrampf fesselt; redet dir aber der unreine Satan zu, dich zu betrinken – dann bringst du ihn mit der Sünde des Geizes zur Strekke und entkommst so der Bedrohung. Und sollte gar lasterhafte Neugier in deinem Herzen nisten, gottloser Wissensdurst, der die himmlische Majestät beleidigt – wie willst du sie austilgen, wie den Versucher verjagen? Ach, wie simpel ist doch die Waffe, Brüderlein, wie kinderleicht ihre Bedienung! Du spannst einfach die Sünde der Faulheit vor den Karren, und schon wird die teuflische Lockung zuschanden, denn die Faulheit verjagt selbst heftigste Gier aus der Seele, und du bist wieder, wie du vordem warst, sauber und rein, und gibst den Satan der Lächerlichkeit preis. Faulheit aber bekämpfe mit Neid, Neid mit Hochmut, Hochmut wiederum mit Eitelkeit, Eitelkeit mit Geiz, Geiz aber mittels der Wollust – so wird es dir leichtfallen, jegliche Teufelsverlockung mit deinem Teufelsbesen auszukehren.

Vielleicht ist dies alles aber auch viel zu schwer für dich, mein Täubchen, zu viel Arbeit, zu viel Überlegung, sorge dich nicht, mein Lieber, wir kennen weit simplere Maßnahmen, um uns der höllischen Fangeisen zu erwehren, hör nur gut zu, spitz deine Ohren, gib nur fein acht, gleich wirst du erfahren, worauf die allereinfachste Methode der Teufelsaustreibung beruht – nämlich auf der Fähigkeit, die böse Versuchung mit Hilfe der bösen Tat zu vertreiben und die Listen des Teufels dergestalt zum Gespött der Leute zu machen, indem du dich – sobald dir der Versucher Bilder der Wollust vorgaukelt, sofort, ohne zu zögern, der zügellosesten Ausschweifung hingibst, und schon ist die Versuchung wie fortgeblasen, fort, sage ich, denn es ist eine Binsenweisheit, daß es, solange die Versuchung winkt, keine Tat geben kann, und gibt es die Tat, so schwindet die Versuchung, drum wirst du, geliebter Bruder, und auch du, geliebte Schwester, drum werdet ihr die Versuchung keinen Augenblick lang ertragen müssen, sondern all das auf der Stelle ausführen, was dir der Satan einflüstert, und so seine Einflüsterungen zunichte machen: Diebstahl – mit Diebstahl, Totschlag – mit Totschlag, Wut – mit Wut. Welch einfaches Mittel, ihr Brüder, und ein so wirksames dazu – die Kraft der Versuchung zu brechen, indem man ihr unverzüglich nachgibt. Bedeutet dies nicht, die Herrschaft des Satans listig zu unterlaufen, den Teufel mit dem Teufel zu besiegen, ist dies nicht wahrlich – wiederhole ich – ein hoher Sieg der Seele über die höllische Arglist, würdig, von den entrückten Chören der Seraphim besungen zu werden? Oh Brüder mein, ich künde euch große Dinge, will euch vor großem Unglück bewahren, die rettende Hand reiche ich euch, ihr Allerliebsten, schenkt meinen Worten Glauben, glaubt mir, ich flehe euch an, denn hier geht es um die ewige Glückseligkeit.

Warum seht ihr mich denn so an, ihr Lieben, was bedeuten diese erstaunten Blicke? Wundert euch irgend etwas? Ist es, weil ich ein wenig dunkler geworden bin? Oder sind es diese Hörner, die mir auf der Stirn gewachsen sind und die ihr nun entdeckt habt? Was gibt es denn da zu wundern? Einfache Hörner, nichts weiter, ich trage sie als Schmuck, nur so zum Spaß, im Grunde nicht einmal deswegen, sondern zum Schutz, schließlich muß ich mich wehren können, wenn mich ein Ziegenbock unterwegs anfällt und mich zu stoßen beginnt, oder irgendein anderes Tier... Vielleicht stört auch dies Schwänzchen, doch weshalb, ich trage es, weil ich es brauche, womit sollte ich wohl sonst die Fliegen vertreiben, ich brauche das Schwänzchen ganz einfach, brauche es wirklich! Ihr werdet sicherlich denken, es handele sich um etwas ganz anderes, hoho, ich weiß schon, woran ihr denkt, ihr mit euren blöden Köpfen, euren gedankenleeren Rinderschädeln, ich weiß genau, was dort ausschlüpft, ich kenne eure ungeheuerlichen Gedanken, eure Dummheiten und Schweinereien. Denn ihr – ich weiß es, weiß es genau! – ihr stellt euch vor, diese Hörner und dieses Schwänzchen hier seien nichts weiter als Merkmale des Teufels, ich selbst, euer Hirte, euer Beschützer und Lehrer, hätte den Höllenpfuhl verlassen, ich selbst wäre somit niemand anderer als ein irdisch verkleideter Teufel, haha, gebt es zu, so denkt ihr, nicht wahr? So hat es in euren Hirnen Gestalt angenommen, he? Nun frage ich euch, ihr Ärmsten, warum sollte ich's wohl verbergen, wozu verstecken? Und darum will ich es euch verraten, warum auch nicht? Aber ja, gewiß doch, von dort her komm' ich, ausgerechnet von dort, meine teuflischen Brüder haben mich hergeschickt, wie sonst... Warum ich gekommen sei, fragt ihr, den geheimen Sinn, den heimlichen Anlaß meines Besuches wollt ihr wissen? Auch den will ich euch sagen! So lauscht denn aufmerksam und eifrig, und ihr sollt alles erfahren. Ich bin hergekommen, um euch zu retten, euch eine große Lehre zu bringen und euch meine Hilfe anzubieten... Ihr glaubt gewiß, ein Teufel hätte nichts anderes zu tun, als auf euer Verderben zu lauern. Wie sehr irrt ihr euch doch, meine Allerliebsten, welch schrecklicher Täuschung seid ihr verfallen! Ich nämlich bin nur aus großer Liebe zu euch zum Teufel geworden, weil ich wußte, daß euch kein Engel und keine Macht, nicht Fürstentum noch Königswürde, nicht Cherubim noch Seraphim jenes allergrößte Geheimnis verraten werden... Der Engel nämlich ist das Gute an sich, ihr wißt es, ihr Lieben, nicht wahr? Und wenn dem so ist, wie sollte er da, selber die Güte in Person, mit dem Bösen umzugehen wissen, wie es bekämpfen, seine Listen aufspüren? Er weiß es nicht, meine Lieben, kann es nicht wissen, weil das Gute mit dem Bösen keine Berührung kennt und es somit also auch nicht bekämpfen kann, und nur das Böse, das reine Böse, der Teufel – er allein ist imstande, den Teufel zu besiegen. Auch ich, meine Brüder und Schwestern, habe mich aus Liebe zu euch gegen die göttliche Majestät aufgelehnt, um im teuflischen Chor meinen Platz einzunehmen, über das Böse zu herrschen, Böses auszuteilen und es zu bekämpfen. Nur darum, nur aus diesem Grunde, Geliebte, bin ich hinabgestiegen in die höllischen Abgründe, um hier bei euch zu sein, euch eine wirksame Waffe gegen das Böse zu bringen, den Teufel mit dem Beelzebub auszutreiben und die satanische Herrschaft zu zerschlagen – wie's der Erlöser lehrt. Wundert euch deshalb nicht, erstaunet nicht, sage ich nochmals, ob dieser meiner Haut, ob der winzigen Hörner und des Schwänzleins, und sollten kleine Flämmchen mein Fell überzucken, so wollt euch auch darüber nicht wundern, wundert euch am besten niemals und über nichts mehr, denn wenn es ein Engel fertiggebracht hat, sich aus lauter Liebe zu euch freiwillig ewigen Qualen auszuliefern und selbst in Teufels Haut zu schlüpfen – so gibt es wahrlich nichts mehr, worüber man sich verwundern könnte. So aber ist es gewesen, genauso hat es sich verhalten, und ich bin nur hier, um euch – indem ich euch zum Bösen verführe – mit Hilfe dieses Bösen gleichzeitig vom übrigen Bösen zu befreien, da man nun einmal das Böse nur mit Bösem vertreiben kann.

Nun wißt ihr alles, ihr Lieben, nun ist euch nichts mehr verborgen, ihr wißt, wer ich bin und weshalb ich zu euch gekommen bin und was ich euch zu lehren gedenke; ihr wißt nun, wie man den Fallen der Hölle entgeht, die listigen Anschläge des Satans durchkreuzt, dies alles wißt ihr. Nur der Gefallene, meine Allerliebsten, nur der Gefallene kann mit Gefallenen ringen, im selben Abgrund muß man sitzen, wenn man Krieg führen will, und so ist nur der gefallene Engel imstande, des gefallenen Engels Herr zu werden, es ist eine große Wahrheit, meine Teuren, eine höchst subtile Lehre, und ein Trost euren bekümmerten Seelen, ein rettendes Licht über der Straße, auf der ihr umherirrt...

Ich sehe, liebe Brüder, ich seh's euch an, daß euch noch irgend etwas zusetzt, daß euch etwas zu schaffen macht und in den Köpfen herumgeistert, dies geht so, jenes so, irgendwie, man weiß nicht wie, irgendwas, dies und das, vielleicht so, nein so, oh liebe Brüder, ich merke schon, worum es euch geht, ich durchschaue die traurige Hefe eurer Seelen und habe den Wurm längst entdeckt, der euch am Herzen nagt, gewiß, er hockt und bohrt, ich weiß es, was mag denn das für ein Wurm sein, was für ein umstürzlerischer Gedanke, ihr glaubt – nun sagt schon, ob's wahr ist oder nicht! –, ihr denkt euch, daß wenn ihr den einen Teufel mit dem anderen vertreibt, daß ja dann der Teufel euer ständiger Begleiter wird, daß ihr den Langnasigen unentwegt um euch habt, ja – was fällt euch denn ein? Wollt ihr am Ende ganz ohne jegliche Teufelei existieren, wollt ihr – welch frevlerischer Gedanke! – von allen euren Sünden befreit auf schnellstem Wege zum Himmel emporschweben, zur Rechten des himmlischen Vaters sitzen, die köstliche Lust ewiger Ruhe am Thron des Herrn auskosten, euch zum ewigwährenden Hochzeitsfeste einladen lassen? Jawohl, das ist es, danach verlangt es euch, sagt nicht nein, beim Himmel, leugnet nicht, denn es geht euch nur um dies Eine, oh ihr Unglückseligen, welch gräßliche Verwegenheit, welch unheildrohender, unendlicher, schwindelnder Hochmut! Brüder mein, ist es wirklich dies, was ihr erhofft, sind dies die Kräfte, die ihr euren armseligen Seelchen zutraut, euren winzigen, elenden Seelchen, die der Wind im Garten des Herrn wie verrottete Äpfel zu Boden weht? Sollen *sie* euch die vollständige Loslösung von allen Sünden bringen, die schrecklichen Folgen der Erbsünde beseitigen, euch zu makellosen Heiligen stempeln? Ist es das, was ihr euch erhofft, Brüder? Aber das wäre ja furchtbare Sünde, die schlimmste aller Sünden dieser Welt, die Sünde des schamlosen Dünkels, unerträgliche Herabsetzung der göttlichen Majestät, übelster Höllenqualen wert, eine geradezu unbeschreibliche Sünde wäre das, und ihr – ihr wagt es, ihrethalben ewigwährende Belohnung zu erhoffen? Oh welche Fäulnis, welch' Niedergang, oh Schande, brennende, saugende Schande! Wer nämlich, meine Allerliebsten, auf die Heiligsprechung baut, wer nach Erlösung dürstet, dem stehen schlimmere Qualen bevor, als hätte er von der Wiege bis zum Grabe ausschließlich die widerwärtigsten Verbrechen begangen, denn siehe, es gibt keine größere Sünde als die der Hoffart, sie ist es, um derentwillen die rebellischen Engel in den Abgrund gestürzt wurden. Überlegt es euch wohl, überdenkt es und wägt es ab, was ihr da von eurem Schöpfer verlangt, worauf ihr baut, und ihr werdet allsogleich erkennen, wie ihr den Zorn des Herrn wider euch entfacht, einen Zorn, der euch wie Stroh zu elender Asche verbrennen wird... Wünscht euch ewige Verdammnis, erfleht sie von eurem Schöpfer aus tiefstem Herzen, bittet ihn in Demut, er möge euch nach dem Maß eurer Sündhaftigkeit bestrafen, und dabei hat eure Sündhaftigkeit weder Boden noch Wände, wie denn auch die Strafe notwendigerweise bodenlos und endlos ausfallen muß. Fleht um ewige Verdammnis, bittet Gott in Demut, er möge euch für alle Zeit dem Schlund der Hölle überantworten, auf daß sich die große Gerechtigkeit erfülle. Solltet ihr aber tatsächlich auf Erlösung bauen, solltet ihr euch wirklich wünschen, für die Fäulnis eurer Seelen durch ein Leben in Ewigkeit belohnt zu werden – so wird euch Gottes gerechte Hand mit unfehlbarer Sicherheit verstoßen, und es wird euch geschehen nach dem Maße eurer Hoffart. Fleht ihr jedoch – in weiser Erkenntnis eures Elends – um ewige Verdammnis, so wird der Herr euer Rufen erhören; wenn ihr somit Satan in Demut zum Genossen erwählt, eure Sündenlast in Demut mit neuer Sünde vermehrt, täglich Sünde auf Sünde häuft, Stunde für Stunde, Minute für Minute, wenn ihr zum Bösen das noch größere Böse fügt – dann, meine Lieben, dann, oh meine Herzallerliebsten, meine Brüder und Schwestern –, dann wird euch geschehen nach dem Maße eurer Versündigung. Große Dinge habe ich euch hier mitgeteilt, bewahrt sie wohl im Gedächtnis, ihr Lieben, denn Brüder sind wir, und allen ist uns das gleiche Los beschieden, in Ewigkeit, Amen.

2 Apologie des Orpheus, des Sängers und Possenreißers, aus Thrazien gebürtig und Sohn des Königs

Schaut mich an. Sehe ich aus wie ein Mensch, der aus der Unterwelt zurückgekehrt ist? Betrachtet mich aufmerksam, seht genau hin, vielleicht gelingt es euch, irgendeine kleine Spur zu entdecken, eine Veränderung des Gesichts oder der Hände, irgendein Detail, das sich um eine Spur gewandelt hat, eine Ritze, einen Fleck, ein aschgraues Fleckchen, oder eine winzige Narbe... Seht ihr etwas? Nein, ihr seht nichts. Ihr seht nichts, weil es nichts zu sehen gibt. Schluß, Ende, Finis. Nichts hat sich geändert, alles ist so wie es war, nicht einmal die Schläfen sind grauer geworden. Diese Schuhe sind über die Stufen der Hölle gestiegen, diese Augen haben das Antlitz des Gottes der Unterwelt gesehen, diese Hände haben die Wände des ewigen Grabes berührt. Und? Nichts. Die Schuhe sind ein wenig abgelaufen (das ist nun einmal üblich, wenn man sie trägt), meine Augen sind gut und scharf, wie eh und je, die Hände geschickt, für das Zitherspiel und die anderen Dinge geeignet wie früher. Alles ist wie früher.

Was die Zither selbst angeht – ich zögere, weiß nicht recht, wie ich's ausdrücken soll – nein, eigentlich hat auch sie sich nicht geändert, warum sollte sie auch, sie hat nichts gewußt, so ein totes, gleichgültiges Ding. Zuweilen jedoch kommt es mir so vor, als wäre die eine Saite ein wenig taub und steif geworden. Unmerklich, ganz unmerklich, den Zuhörern gefällt es nach wie vor, der Ruhm meines Spiels hat keinen Augenblick lang gelitten, ich aber merke zuweilen so etwas wie eine gelinde Schwere, als erlösche der Klang der Saiten ein wenig rascher als beabsichtigt, eine winzige Versteifung eben, kaum hörbar, ein Nachlassen der Geschmeidigkeit, nun, ja, wichtig jedoch ist, daß es die Zuhörer nicht stört, und so braucht es im Grunde auch mich nicht zu stören, nicht wahr? Nun sagt schon etwas, gebt zu, daß ihr keine Veränderung bemerkt habt, lauscht einmal dieser Saite, wie sie klingt, bitte, ist was? Nichts, nicht wahr? Gar nicht drüber zu reden.

So mag denn das Konzert seinen Anfang nehmen. Zitherspiel, Gesang und Deklamation des Meisters Orpheus, aus Thrazien gebürtig, aus königlichem Geblüt. Wie amüsant, daß ein Königssohn als Schauspieler auftritt, als Komödiant, Spieler und Estraden-Sänger. Früher wäre so etwas unvorstellbar gewesen, aber die Zeiten ändern sich, Schauspielerei schändet nicht mehr, es ist ein Beruf geworden wie jeder andere, besser vielleicht als der Beruf eines Prinzen. Jedenfalls nicht schlechter. Wir schreiben bereits das sechste Jahrhundert vor Christus, wieviele Veränderungen hat es inzwischen gegeben! Täuschen wir uns nicht, meine Herren! Es nahen die Zeiten der Demokratie und der Gleichberechtigung unter den Menschen, das sind Sachen, die sich nicht rückgängig machen lassen, unvermeidbare Sachen, die Menschheit dürstet nach Gleichberechtigung, und sie wird sie erlangen! Man muß mit dem Fortschritt gehen!

Wie denn, glaubt ihr am Ende, ich plapperte hier irgend etwas daher und wiederholte vor euch die albernen Platitüden von Hinterhof-Demagogen? Vielleicht tu' ich's wirklich, Verzeihung, ich bin weder Redner noch Politiker, bin ein Schauspieler, wie oben erwähnt, ein Spieler und Sänger. Gleich kommt mein Auftritt, ich will mir nur noch ein wenig die Finger wärmen, elend kalt ist mir, denn ich habe mich in eisiger, eiskalter Gegend aufgehalten, dort war es nicht wie in Thrazien, unserem heißgeliebten Thrazien. Wie, ist vielleicht jemand unter den Herrschaften schon in Thrazien gewesen? Hat es jemand von euch gesehen? Kennt ihr Chersonez, habt ihr jemals den Hellespont durchschwommen? Wie oft hab' ich ihn überquert, allein, ohne Furcht, einmal sogar im Sturm, meine Arme waren stark wie die eines Halbgottes, heute ist das anders, nur die Finger, die sind gut, sind wie früher, stimmt's? Gleich werdet ihr sehen, genauer gesagt, hören, diese meine Finger, sie werden schon wärmer, einen Augenblick noch. Gewiß, ich geb's zu, Ägypten ist wärmer als Thrazien, bestimmt sogar. War jemand von Ihnen in Ägypten? Ich ja, lange, lange Zeit, im übrigen wissen es ohnehin alle, was soll man noch viel drüber reden, die seltsamsten Dinge hab' ich dort gesehen, hab' eine Menge gelernt, ihr würdet es gern genauer wissen, nicht wahr? Nein, ich darf nicht, es ist mir verboten, das ist geheimes Wissen, tiefverschlossen, nur für Auserwählte. Oh ja, ich hab' sie gelernt, die magischen Formeln, die Beschwörungen und Gotteszeichen, die geheimen Schriften, nur ist es leider nicht an der Zeit, schließlich stehe ich vor meinem Auftritt.

Nutzlos an des Weges Rand
blühte eine Thymianpflanze,
dreiunddreißig lange Jahre
bin ich stur ihr nachgerannt.

Dreiunddreißig lange Jahre,
war ich glücklich ohne Grenzen,
als ich schließlich sie gefunden,
ließ ich mit dem Wind sie fahren.

Meine Knochen sind verrostet,
meine Schläfen schneegesprenkelt,
doch in all' den langen Jahren,
hab' ich Götterglück gekostet.

Hübsch, nicht wahr? Das ist noch gar nichts, das war nur so, zur Probe, um euch zu zeigen, wie gut die Zither ist, wie sie so gar nichts von ihrer Klangfülle eingebüßt hat, von der Helle ihres strahlenden Tons, da seht ihr's, wer von euch hat vorhin behauptet, meine Finger seien vom Frost geschwollen? Keine Spur, sie sind empfindsam und gewandt, die Finger des wahren Meisters! Und die Stimme? Kein bißchen heiser, selbst wenn ich mich etwas erkältet haben sollte, ich war an einem kühlen, teuflisch kühlen Ort, doch nun bin ich wieder gesund, eine Stimme wie eine Glocke, oder? Gesang, meine Herrschaften, verlangt eine Stimme ohne Makel, es gibt da in puncto Reinheit keine Rangstufen, man hat eine ausgezeichnete Stimme, oder man hat sie nicht, der winzigste Fehler, selbst wenn er unsichtbar bliebe, die geringste Fehlintonation macht mit einem Male alles zunichte, mit der Stimme ist nicht zu spaßen, Gesang ist entweder Gottes Sprache, oder er existiert einfach nicht.

Um Vergebung, meine Herrschaften, gleich geht's los. Meine Kommentare geraten mir manchmal ein wenig zu lang, das stimmt, ich bin nicht verheiratet, drum hab' ich niemanden, der auf mich aufpaßt. Ich habe keine Frau, wirklich nicht, ich sagte es doch schon einmal. Wie bitte, ich hätte es noch nicht gesagt? Aber das ist doch eine altbekannte Geschichte, die Zeitungen haben es endlos gebracht. Es war die Sache mit der Schlange, jawohl, der Schlange, ihr wißt doch, wie es manchmal so geht mit Schlangen, wir lebten im Paradies, wortwörtlich im Paradies, da war auf einmal die Schlange. Das Paradies und die Schlange, ein alter Hut. Die Ärmste wurde von der Schlange gebissen und starb. Wenn es doch wenigstens ein wirksames Serum gegeben hätte – aber so?

Orpheus, aus Thrazien gebürtig, königlichen Geblüts, hat seine Frau durch Schlangenbiß verloren ... So eine Schlange, die holt sich ihre Säfte aus der Erde, vielleicht auch von unter der Erde, man traut es sich gar nicht auszusprechen, wovon sie sich ernährt, wißt ihr überhaupt, daß man in Ägypten – stimmt, ihr seid noch nie dort gewesen – daß man sich dort vor Schlangen fürchtet? Der Unglücksgott bedient sich ihrer, Typhon heißt er (der Gott, nicht die Schlange). Wäre nicht dies Ägypten, so hätte ich dem Unglück vielleicht noch entkommen können. Ich mußte es schließlich tun, was blieb mir denn anderes übrig, als mich mit der Schlange einzulassen? Sie kennen nun einmal die geheime Sprache, kennen alle Geheimnisse der Erde und des Mondes, und alle Geheimzeichen, die furchtbarsten Dinge sind ihnen bekannt, Dinge, bei denen sich einem die Haare sträuben, die Schlangen wissen alles. Ich wollte unsterblich werden, wer hätte mich die Kunst der Unsterblichkeit lehren sollen wenn nicht die Schlange, wer mir das Geheimnis ewiger Jugend vermitteln können wenn nicht die unsterbliche Schlange, die Selbsterneuerin, unaufhörlich die Haut wechselnd, unter der Erde Unterschlupf suchend und im Schmuck der neuen Haut darunter hervorkriechend, frisch und alterslos, wie die Sichel des Mondes?

Züngelnde, ringelnde Schlange,
sprechender Mann im Mond,
leider hast du, oh leider,
niemals die Frauen verschont.

Das ist so ein kleines Liedchen, das ich mir zurechtgelegt habe. Hübsch, nicht wahr? Ihr werdet mir meine Bekanntschaft mit der Schlange möglicherweise übelnehmen, doch sagt mir, sagt mir ganz ehrlich – würdet ihr gern unsterblich sein? Natürlich würdet ihr, was soll das Gerede, alle wünscht ihr's euch, warum also nehmt ihr es mir dann krumm, warum plagt ihr mich mit dieser Schlange, mhm? Eine gute Bekannte, basta. Schließlich hab' ich nicht ahnen können, daß das Vieh später beißen würde...

Nun schön, nun gut, sei's drum, gewiß, so war es, ich kann's nicht leugnen, es war wirklich so, sie hat mich mit der Schlange betrogen... Na und? Hätte ich's etwa ahnen sollen?! Es regnete Bindfäden, ganz feinsträhnig und eiskalt, ich versank im Morast, war naß wie ein Pudel, da hat sie mich mit der Schlange betrogen. Sie folgte ihr zur Erde, unter die Erde, in die Unterwelt also, verschleppt hat sie der Verführer, einfach verschleppt, das schleimige Reptil. Und ich war durchnäßt wie ein Hund. Was gibt's da zu lachen, worum geht's euch, darum, daß ich ein Spieler bin, ein Possenreißer, oder daß ich durchnäßt war? Ich bin ein Königssohn, aus Thrazien! Mehr Respekt, wenn ich bitten darf.

Versteht ihr's nun, daß ich dorthin gehen mußte, begreift ihr es, ja? Es war – ich sage die volle Wahrheit – weniger eine Sache der Sentimentalität als eine Ehrenangelegenheit. Ich bin ein Sänger, ich bin ein Komödiant, na schön, aber glaubt nur nicht, ich hätte kein Ehrgefühl, hier ging es nicht um Gefühle, die Sache mußte schließlich auf männliche Art und Weise zu Ende gebracht werden, nicht wahr? Die Schlange, die Frau, die Unterwelt, zurück ins Paradies auf dem Umweg über die Unterwelt, keine üble Geschichte, wie? Nein, ich wußte schließlich, daß ich nicht mehr zurück ins Paradies gelangen konnte, sie hatte mich mit der Schlange betrogen, man kann nicht einfach die Haut abwerfen und zurückkommen, als wäre gar nichts gewesen. Ich sag's ja, es ging um die Ehre, eine Männersache, ich war einfach gezwungen, mich mit dem Schlangenvieh auseinanderzusetzen, kannte seine Geheimnisse, kannte die listigen Tricks dieses Widerlings und alle seine Verschlagenheiten.

Wie ich dorthin gelangte, welchen Weg ich genommen, darüber wäre eine Menge zu berichten, leider ist jetzt weder der Ort dafür noch die rechte Zeit. Ich ging hin und verlangte meinen Teil, bin ich ein Königssohn oder nicht? So und so, hab' ich gesagt, und daß ich der Sohn eines Königs bin, nun rückt mal gefälligst die Frau heraus. Gebrüllt hab' ich, es war ziemlich laut, danach hab' ich dann etwas geweint, ein bißchen Zither gespielt, übrigens schlecht, weil es kalt war, brrrr, so kalt, daß ihr's euch gar nicht vorstellen könnt. Wenn's nur die Kälte gewesen wäre, aber es war diese Feuchtigkeit, die mich fertigmachte, ich war am Ende, doch was half es, Männerehre, eine Sache auf Leben und Tod, im übertragenen Sinne, gewissermaßen, ich nahm mich zusammen und spielte die Zither, und bat, und drohte, und tat Gott weiß was...

Das sagt sich so leicht dahin, meine Herrschaften, Styx, Tartarus, Hermes, was wißt ihr denn schon davon, nur Märchen, Hirngespinste, weiter nichts.

Ist's der Mond? Ist's das Ei?
Wer von beiden leiser schwiege –
darum ging die Streiterei.

In der Höll', in der Höll'
hab' ich meisterlich gesungen –
heute ist mein Hirn entzwei.

Teufels Gold, Satans Sold,
wie gewonnen, so zerronnen,
Hölle gab – und Himmel nahm.

Tandradei, tandradei
singe ich aus voller Kehle,
mal vom Mond und mal vom Ei!

Was ihr kennt, das sind die Märchen, ich sag's euch nochmal. Hat man euch schon einmal durchs Nadelöhr gefädelt? Oder euch gewendet, das heißt, nicht etwa die Haut, sondern euch selbst, ganz einfach, umgestülpt, das Innere nach außen, als wäret ihr die Haut? Hat einer von euch jemals mit dem Ohr geschaut und mit dem Auge gehört? Nein, so nicht, ich will's euch nicht erzählen, es ist nichts für meinen Kopf, so von der Hölle zu reden, das heißt, nicht eigentlich von der Hölle, sondern von jener Grenze, von dem Augenblick, da man hinübergeht, ach, mir fehlen zu dieser Erzählung die Worte, und hier rennt uns die Zeit davon, das Konzert soll beginnen, so will ich's denn nur ganz kurz erwähnen, wie und was, damit's hinterher kein Gerede gibt und keine Fehlinterpretationen.

Ehrenwort, es ist mir selbst schleierhaft, wie ich es fertigbrachte, sie dort in der Unterwelt so einzukreisen, daß sie sich bereiterklärten, mir die Frau herauszugeben. Ich muß wohl mächtig herumgeschrien haben. Bestimmt hab' ich gespielt und auf sie eingeredet, bestimmt bin ich ihnen auf die Nerven gegangen und hab' ihnen gedroht, daß ich mich, falls sie sich weigerten, nicht von der Stelle rühren würde. Ich weiß selbst nicht, woher ich auf einmal den Mut hatte. Von Natur aus bin ich nämlich ein schüchterner, bescheidener Mensch, oder? Musikant hin, Komödiant her, was half es, ich hatte mich nun einmal darauf eingelassen, es war eine Sache für Männer, meine Ehre wollte ich mir nicht abkaufen lassen. Heute denk' ich mir, sie hätten mir – wenn sie gewollt hätten – einfach sagen können, also gut, bleib hier und basta. War ich denn etwa der einzige von der Sorte? Bleib hier, Freundchen, bleib in Gottes Namen, warum auch nicht, so hätten sie zu mir reden können, leb gesund, haha, guter Witz, wie? Leb gesund, bei dieser Feuchtigkeit und noch dazu im Finstern, der Frost geht einem durch Mark und Bein, und die sagen – bleib gesund. Doch nein, sie haben's ja gar nicht gesagt, ich weiß nicht, was ich dann wohl getan hätte, na was glaubt ihr, was hätte ich wohl getan? Bleibst du, bleibst du nicht, dacht' ich so bei mir, das heißt, heute denk' ich so, denn fortgehn und allein zurückkehren, das hieße wohl die Ehre verlieren, und dortbleiben hätte wiederum bedeutet, daß sie mir die Frau hätten zurückgeben müssen, doch was sollte mir die Frau, bei dem Frost und der Feuchtigkeit, und was sollte mir da die Ehre? Ehre ist gut, wenn man's warm und trocken hat, doch was nutzt es einem, mit nicht viel mehr als seiner kahlen Ehre auf der blanken Erde zu verfaulen? Ein Rheumatismus zum Verrücktwerden, in den Knochen riß es wie toll, alles tat weh, selbst Stellen, von denen ich gar nicht wußte, daß sie sich in meinem Körper befinden, nicht einmal geahnt hatte ich's, woher denn, ganz seltsame Stellen, lassen wir das, am Ende sagte mir trotzdem keiner, ich solle bleiben, wozu sich also darüber den Kopf zerbrechen, so oder so, Ehre oder Rheuma, euch scheint das wichtig, wie, aber wenn ihr die Feuchtigkeit erlebt hättet und den Frost, dann wäre euch die Ehre zum Hirn hinausgeflossen wie ein Eigelb aus einem löcherigen Ei, was hab' ich denn nur unentwegt mit dem Ei, lassen wir das, ich sag's, ich sag's doch, daß es mir gelungen ist, ach, und wie es mir gelungen ist, ein Sieg auf der ganzen Linie, ich bekam, was ich wollte, es war die Zither, meine Zither hatte mir geholfen...

Wie bitte? Ich hätte selbst zugegeben, schlecht gespielt zu haben? Vielleicht spielte ich wirklich nicht gut, was soll's, für diese Feuchtigkeit und Kühle war es mehr als gut, alles ist relativ, meine Herrschaften, wirklich relativ, man muß die Begleitumstände berücksichtigen, die Situationen, das große Ganze, seht ihr, noch bin ich nicht völlig verblödet, noch beherrsche ich so manches, auch die Dialektik. Heut denk' ich so über meine Zither nach, und da frage ich mich, ob sie von all' der Feuchtigkeit keinen Schaden davongetragen hat, ihr wißt ja, wie das so geht, zuerst tränkt man das Material, um es hinterher zu trocknen, und wenn es dann einmal trocken ist, dann tut ihm Nässe nicht gut, Nässe ist nur gut für den Anfang, so ist nun einmal die Technik, so ist es mit allen anderen, der Mensch kommt zur Welt, um zu sterben, ein zweites Mal geboren werden aber ist schon schwieriger. Nicht übel, wie? Die reinste Dialektik. Dabei ist mir genau dies widerfahren... Aber lassen wir das. Die Zither hat Nässe gesogen, ja, ich verstehe, das hat sie ein wenig taub werden lassen, mir selbst kommt es auch so vor, als wäre ich von dieser verdammten Feuchtigkeit ein wenig taub geworden.

Und doch – ich siegte, bestand auf dem Meinigen, und es ging nach meinem Willen, der Mensch muß nur wollen, sich mutig an die Sache heranwagen, muß sich stellen, dann geht ihm alles nach Wunsch, es liegt nur an der Entschiedenheit, nicht nachgeben, hart bleiben, den eigenen Standpunkt festhalten, sich weder einschüchtern noch bestechen lassen, oho, das sind Dinge, die ich beherrsche, mit der Ehre scherzt man nicht. Nun ja, es gelang mir denn auch, wie schon erwähnt. Sie gaben mir die Frau zurück. So war's.

Sie gaben, und gaben auch wieder nicht. Im Grunde hab' ich sie gar nicht zu sehen bekommen. »Dreh dich um« – hieß es. Also hab' ich mich umgedreht. »Behalt den Kopf vorn.« Ich tat, wie sie's verlangten. »Sie steht hinter dir« – sagten sie – »du aber sieh nicht nach ihr.« Ich tat's nicht. Ich sagte nur: »Eurydike, bist du's?« Nichts, Stille. Einer unter ihnen sagte: »Sie wird wieder sprechen können, sobald sie oben ist, mach dir darüber keine Sorgen, alles in Ordnung.« Jetzt kommt diese altbekannte Geschichte, doch manchmal, da spinnen sie Märchen darum, drum möcht' ich sie eben kurz erwähnen. »Geh voran – sagten sie – so, wie du hergekommen bist. Schau dich nicht um, solange du den See nicht erreicht hast. Tust du's dennoch, ist alles umsonst, sie kehrt zu uns zurück, Ende. Weitere Unterhaltungen wird es nicht geben.« Gut, sagte ich, so soll es sein. Wir gehen, das heißt: ich gehe, von hinten kommt nur Geräusch. Der Weg, den wir gingen? Ich wünsch' euch nicht, daß ihr ihn auch nur zu Gesicht bekommt. Schlangen, Feuer, Eisen, Sümpfe, Zischen, Knirschen, Leuchtkäfer, Ungetüme, Fledermäuse, die ganze altbekannte Szenerie, aber lassen wir das. Wir hatten schon beinahe den See erreicht, das heißt, ich hatte ihn erreicht. Vor mir war ein Steg, winzig schmal, über eine Schlucht hinweg, darunter ein Abgrund, bei dem man die Sohle nicht sehen konnte. Ich besteige ihn mit äußerster Vorsicht, krümme mich inwendig vor lauter Angst, mache ein Schrittchen, ein zweites, doch es muß wohl geregnet haben, so schlüpfrig war's, ich rutschte aus, wankte, wäre beinahe abgestürzt, Verrat, ich schrie nur das eine Wort Eurydike! – weil ich Angst hatte, sie könnte abstürzen, drum schrie ich, wandte den Kopf – und aus. Leere.

Jawohl, Leere. Ich sah nicht das geringste. Schließlich kam einer und meinte: »Du bist selbst schuld, sie ging hinter dir her, du hast dich umgedreht, nun ist sie futsch, aus, Schluß, Basta.« Und so weiter. Und verschwand. Nun war es völlig leer ringsum.

Das war's im Grunde. Ich stehe da und denke mir: wo ist denn der Beweis, daß sie überhaupt dagewesen ist? Her mit dem Beweis! Es gibt keinen. Wer hat sie gesehen? Sie hatten's gesagt, aber weiß man's denn? Ich hatte sie weder gehört noch gesehen. Vielleicht hatten sie mich auch einfach in die Pfanne gehauen? Wo war der Beweis? Sie hatten mich zum Narren gehalten, das war's, und, um bei der Wahrheit zu bleiben – ich war ein rechter Narr gewesen.

Na schön, nehmen wir einmal an, unterstellen wir einmal, daß sie mich tatsächlich angeführt hatten und daß dort wirklich nichts war, nur einmal angenommen. Woher wußten dann diese beschissenen Teufel, daß ich mich umdrehen würde? Und hätte ich mich nicht umgedreht – was dann? Sie brauchten etwas, was mich zwingen würde, mich umzudrehn, andernfalls wäre alles herausgekommen, der ganze Betrug, und dies wiederum war wohl nicht ganz nach ihrem Geschmack, schließlich schimpften sie sich Götter, diese Halunken. Was haben sie also getan? Nun ja, das schlüpfrige Brett, aber auch das war ein Risiko, hätte ich besser aufgepaßt, wäre ich nicht ausgerutscht, und was dann? Dabei war das Ende schon so nah.

Es geht mir alles im Kopf herum, ich weiß, um ehrlich zu sein, selbst nicht mehr ein noch aus, so sehr hatten sie mich in die Enge getrieben, Teufelsbrut, verfluchte. War sie da oder nicht? Mal denk' ich so, mal so, ich versuch's und kombiniere nach allen Seiten, die Rechnung geht und geht nicht auf.

Sie werden sich fragen, meine Herrschaften, was denn das für ein Unterschied sei, sie war da, war nicht da, du hattest nun einmal nicht aufgepaßt und fertig, Schluß – aus, so oder so, was geschehen ist, ist geschehen, da gibt es keine Rettung, wozu noch lange das Köpfchen strapazieren, punktum. Nun ja, ihr könnt euch das leisten, aber ich? Für mich ist es ein Unterschied. Nämlich: entweder – sie war nicht da, das heißt, ich hatte mich gewaltig auf die Schippe nehmen lassen, war also ein Einfaltspinsel, ein Naivling, ein schwachsinniges Nichts, wenngleich dies wiederum nicht meine Schuld ist. Oder aber, sie *war* da – das bedeutet, ich, ich selbst in höchsteigener Person habe ihr den Tritt versetzt, der sie in den Dreckhaufen zurückbeförderte. Also wenn *das* kein Unterschied ist – keine Widerrede, Herrschaften, es handelt sich hier ohne Zweifel um das wahre Orpheus-Problem. Der Rest kümmert mich einen feuchten Kehricht, das Paradies, die Schlange, das verlorene Paradies, die Rückkehr inmitten der Hölle, lauter Wischi-Waschi, Mythologie, ewige Symbole, reiner Firlefanz. Reden wir offen. Was hab' ich eigentlich getan? Na was denn? So steht die Sache nun einmal, da gibt's kein Drumherumreden. Vorläufig macht es nichts aus, aber später? Der Mensch muß sein Gesicht wahren, oder? Auch das ist Ehrensache. Ich war hingegangen, daß heißt, ich hatte den Ehrenhandelt erledigt, war heil daraus hervorgegangen – und dann? Später heißt es, nun ja, so reden sie halt, was weiß denn ich, später einmal soll ich angeblich dorthin zurückkehren. Wie soll das werden, wie soll ich vor sie hintreten? Sie ging mit der Schlange, na schön, ihre Sache, sie folgte der Schlange, also wollte sie wohl selbst in die Hölle. Und ich? Für Dämlichkeit allein kommt man nicht in die Hölle, ohgottohgott, kalt ist es dort, der Mensch wird blau vor Frost wie'n Veilchen, aber darum geht's gar nicht. Eine Heldentat wie die meine hingegen, da ich sie doch angeblich aus dieser Kloake hätte herausführen können, oha, auch dies ist ein Ding für sich, wohl hätte ich können, nur tat ich's leider nicht, nun ja, wirst du einwenden, schließlich war es nicht meine Absicht, und dennoch – wie immer man's auch ansehen mag – ich hab' sie zurückgestoßen in den Sumpf, und nun rechtfertige dich, Mensch, so gut du kannst, strample dich ab, es ist zu spät, es gibt keine Rechtfertigung mehr, es gibt nur noch eines – die Hölle.

Alles zusammengenommen – eine Frage der ewigen Erlösung. Vielleicht auch nicht der ewigen – sei's drum! Gleich beginne ich mit dem Konzert, es scheint, als hätte ich mich schon etwas aufgewärmt. Eigentlich weiß ich nicht mehr so recht, vielleicht war das alles nur Humbug, einfach so etwas wie wenn man auf die Schippe genommen wird, wie man im Volksmund sagt, schließlich hab' ich sie gar nicht zu Gesicht bekommen. Vielleicht ist sie überhaupt nicht dort. Wer will es beweisen? Doch wartet einmal – ja doch, es ist eine Sache der Erlösung. Und ich – ich bin ein Königssohn.

Die meiste Angst habe ich nicht vor denen da, sondern vor ihr. Denn nehmen wir einmal an, es hätte sie nicht gegeben, gut und schön, auch dann gibt es zwei Möglichkeiten. Entweder war sie überhaupt nicht dort, damit wäre alles aus, und auch ich werde dann wohl niemals mehr hinkommen. Oder aber sie *war* dort, und sie haben mich an der Nase herumgeführt, dann bin ich unschuldig und brauche ebenfalls nicht mehr in die Hölle zurück. So oder so – zu Gesicht bekomme ich sie nie mehr, so weit, so gut. (Begreift ihr, was ich sage? Ich seh' sie niemals wieder, gut, wie? Habt ihr kapiert, wovon ich rede?) Und wenn sie da war? Sie war da, sage ich, das heißt, ich gehe zurück – neuerliches Zusammentreffen. 'n guter Stoff, drüber zu reden, wie? Ohgottohgott, ist das eine Kühle, mir scheint, ich friere schon wieder zu Eis, vielleicht wär's besser, man würde einheizen, so kalt, wie es hier ist...

Was sagt ihr dazu? Pfeift, meine Damen und Herren, pfeift! Meine hochverehrten Herrschaften, Orpheus, der Königssohn aus Thrazien gebürtig, beginnt sein Konzert.

Ach, ich sage euch, es ist ein wahres Vergnügen, nach den Bedingungen, wie sie dort herrschen, zu guter Musik zurückzukehren. Überhaupt weiß der Mensch nicht, was er besitzt, bevor er's nicht verloren hat. Es gibt Sprichwörter zu diesem Thema, ihr kennt sie! Ich selbst z. B. habe im Paradies gelebt – na und? hat's mir genützt, zumal ich nicht wußte, *daß* ich im Paradies lebe? Ich hatte alles, was ich wollte, hatte Glück in mich hineingeschlürft, so viel ich nur konnte, sagt selbst – ein junger Mensch, berühmt, gewandt, spielt die Zither, singt, ein Königssohn noch dazu, reich, mit einer schönen Frau, einer Frau, die liebt, hat zu allem Überfluß auch noch Gelegenheit gehabt, geheime Wissenschaft zu erlernen – was kann ein solcher Mensch noch vom Leben verlangen? Ich hab' mich nicht beklagt, behaupte ich ja auch gar nicht, aber geschätzt? Nein, geschätzt hab' ich's auch nicht. Und da auf einmal, in einem einzigen Augenblick – alles vorbei, die liebende Frau futsch, futsch die Jugend, die Zither taub, dazu Rheumatismus, die Ehre im Eimer, Verrat, Veruf, doch nein, ich übertreibe, nicht alles ist futsch, das Spiel funktioniert noch, die Zither läßt sich richten, jetzt – komisch, wie? – jetzt, wenn jetzt diese eine Saite wieder ganz in Ordnung käme, es würde mich mehr freuen als all mein früheres Glück zusammengenommen. Und alles nur, weil dieses räudige Schlangenvieh...

Nimm dieses Schloß, meine Kleine,
und Perlen in großer Zahl,
dazu einen schwarzen Raben,
goldnen Honig im Kruge
und bunte Sterne vom Himmel.

Der Liebe wollen wir pflegen,
gemeinsam schmausen und schlafen,
in weichen, flaumigen Betten,
auf Laken dünn wie Seide
sollst du im Arm mir liegen.

Dämm'rung wird uns umhüllen,
Nacht wird sein um uns beide,
tiefschwarz, traumhaft und tödlich,
himmlisch werden wir schlafen
nach vollbrachter Liebe.

Schließt die Fenster, es ist lausekalt, schließt die Fenster, sag' ich. So ist es gut. Oder kommt die Kälte etwa aus meinem Innern? Lassen wir das.

Ich kann's ja verstehen. Könnte ich euch etwas über die Geometrie jener unterirdischen Zick-Zack-Wege berichten, so würde euch die viel mehr interessieren. Aber ich kann's nicht, und so rede ich einfach von meiner eigenen geistigen Mattscheibe, es geht euch im Grunde nichts an, es macht euch nur nervös, es zwingt euch nämlich, sich mein Schicksal zu Herzen zu nehmen, und dabei gibt's nichts Schlimmeres, als wenn man gezwungen wird, Mitleid zu empfinden. Ich verlange es ja auch gar nicht, werfe niemandem etwas vor, ich rekonstruiere – wie man so zu sagen pflegt – nur die Situation, was dann folgt, ist Routine, konventionelles Brauchtum – ein hübsches, gelehrtes Wort, nicht wahr? –, und ihr, ihr bildet euch ein, all mein Gerede, über die Kälte, die verlorene Frau, die verstimmte Saite, all das hätte keine andere Aufgabe, als euer Mitleid zu provozieren, Mitleid aber dürfe man bekanntlich niemandem versagen, drum hockt ihr da und platzt schier vor Wut, als würde ich euch quasi spicken mit meinem Elend und aus all den vielen Einstichquellen das Mitleid herauspressen, dabei pfeife ich auf euer Mitleid, laßt mich zufrieden, sitzt meinetwegen da wie die Ölgötzen, es geht mir gar nicht darum.

Das sogenannte orpheische Problem. Das echte, um es einmal so auszudrücken. Kein Hineinrufen in den Abgrund, mit nachfolgendem Lauschen auf das Echo. Ich denke nicht daran, in einen Abgrund hineinzurufen, das wäre Idylle und Schauspielerei! Ich selbst bin schließlich auch so etwas wie ein Schauspieler und möchte Schauspielern weiß Gott nichts Schlechtes nachsagen, oh nein, ich bin sogar stolz darauf, bitte sehr – Schauspieler, Clown, Musikant, warum auch nicht? Doch wenn ich erst einmal mit meinem Vortrag begonnen habe, dann ist es eben Komödie, dann kann es vorkommen, daß ich in den Abgrund hineinbrülle, vorläufig tu' ich's nicht. Orpheus' Problem ist ein Problem der Ehre, nicht des Gefühls, ich wiederhol's noch einmal, weil ich möchte, daß ihr es wirklich begreift, ein Ruf in den Abgrund ist pure Sentimentalität, es geht gar nicht darum.

Woher zieht es hier so? Früher hat's nie gezogen. Vielleicht bin ich tatsächlich alt geworden, der verdammte Rheumatismus wird sich mir in die Knochen geschlichen haben, lassen wir das, außerdem stimmt es gar nicht, schaut her, seht's euch gut an, das sind Fußknöchel, was? und die Gelenke, diese Geschmeidigkeit, geradezu fabelhaft, und diese Knie, da staunt ihr, wie? Alles erste Klasse, von Krankheit keine Rede. Und die Schienbeine – glatt und ausgezeichnet, die Beine eines Läufers, und hier die Schenkel, die Hüften! Schaut her, alles so prall und biegsam wie die Sehne eines Bogens, ein wahrer Genuß, es anzusehn, die Hüften eines Mannes, für die Liebe geschaffen. Und hier, die Brust – hart wie Stein, ein einziges Mal unaufmerksam, schon bricht man jemandem ein paar Rippen, einer Frau, versteht sich. Und die Arme, die Muskeln? Wie Schiffstaue. Und das hier, Hals, Kiefer, ein Gebiß wie bei einer Wölfin, ein Schädel aus Stahl, die Augen eines Adlers, das Haar kaum angegraut, so gut wie unberührt, und die Finger? Die Finger wie geschaffen zu Zither und Liebe, und zu geheimen Zeichen, eine andere Bestimmung haben sie nicht, doch was macht das schon aus, die drei Bestimmungen reichen vollauf! Diese drei Bestimmungen sind nahezu alles, was es auf der Welt gibt, das heißt – alles, was für einen Mann von Wert ist, wie ich glaube. Was denn, ach hier, dies da?... Die Handgelenke? Sie waren bisher verdeckt, das stimmt. Die Spuren, die Zeichen? Narben sind das, oder nein, noch keine Narben, noch ist alles fast offen. Das war gestern. Ihr wißt schon, das Rasiermesser. Tja, ich mußte wohl, es ging nicht anders. Fast das ganze Blut ging drauf. Irgend jemand hat noch versucht, zu retten, was zu retten war, aber es war zu spät, da kann man nichts machen. Außerdem bin ich keiner, der so blöd ist und sich womöglich auch noch retten läßt. Schluß, aus. Ihr wundert euch? Es war gestern, wirklich gestern. Meine Teuersten, Liebsten, Freunde, die ihr mir seid, sagt nichts, ihr seht doch, daß ich weine, habt Mitleid, versetzt euch in meine Lage, sagt nichts Böses, ich liebe euch doch, wehklagt ob meines Mißgeschicks, ich bin so einsam. Es war gestern. Ich mußte es tun.

Ich mußte. Ehrensache. Die Situation war ausweglos geworden. Und ich – ich bin schließlich ein Königssohn ... Königssohn ... Hurensohn ... Königssohn ... Hurensohn ... Königssohn ...

3 Gebet der Heloise, der Geliebten des Pierre Abälard, eines Kanonikers und Theologen

Gott, der Du die Liebe bist, wie hast Du nur zulassen können, daß Liebe Sünde ist? Ach ja, ich höre, Du sagst, nicht immer, Du sagst, nicht jede? Aber diese sündenfreie Liebe, wieviel davon hast Du jener Unseligen zugestanden, über die Du das Grauen ewiger Verdammnis verhängtest? Erlaubte Liebe ist wie ein Tropfen im Ozean jener anderen, die Sünde bedeutet und die wir ebenfalls Deiner Erlaubnis verdanken. Sie sagen, Du ließest sie lediglich zu, die sündige Liebe, ohne sie uns zu senden, und daß es der Satan sei, dem es unserer Vergehen wegen gestattet wäre, auf unsere Seelen einzuwirken, und der nunmehr das unreine Feuer in uns entfache. Wie aber kommt es, daß teuflische Mächte Liebe gebären können? Kann denn das Böse seine Wut durch Liebe offenbaren, da Du selbst die Quelle jeglicher Liebe bist? Und wenn dem so wäre, daß die Macht Satans, gewissermaßen als Strafe für unsere Sünden, Zugang zu unseren Seelen erhielte – wie sollte man dann Verständnis dafür aufbringen, daß die Bestrafung einer Sünde in neuerlicher Sünde bestehen soll? Darf es denn sein, Du Gott der Liebe, daß sich die Sünden unrechter Liebe, die unsere Urväter empfanden, an uns rächen, dergestalt, daß wir zu neuer Gesetzwidrigkeit aufgestachelt werden? Wie kann die Sühne in neuer Sünde bestehen? »Abyssus abyssum invocat«, so heißt es allgemein, ein Abgrund ruft durch sein Echo den nächsten, und die Kette der Sünden, einmal geknüpft, zieht sich hin ohne Ende und Ziel. Wie denn nun also? Du, mein Herrgott, hast diese Welt erschaffen und sie so gemacht, daß die Sünde kein Ende finden kann und gleich dem Seuchenengel immer neue Sünden nach sich ziehen muß. Wo also, Gott, ist Deine Barmherzigkeit? Wo der Sünden Vergebung, wenn doch jede Schuld, statt daß sie Reue zeugt und das Tor zum ewigen Heil öffnet, nur in erneuter, verstärkter Schuld ihren Widerhall findet, und diese wiederum in einer neuen, und die neueste in einer noch neueren und so fort ohne Ende.

Oh, welch' Chaos im Kopfe, welch' grausame Verzweiflung! Wie kann ich glauben, Du Gott der Liebe, daß unsere Welt Dein Werk ist, da doch jede einzelne ihrer Missetaten immer nur neues und größeres Übel schaffen muß? Wie kann ich glauben, Du habest die Welt erschaffen, da sich in ihr Liebe wie Sünde unentwirrbar verknotet haben? Liebe ist Sünde, die Sünde aber pflanzt sich wie das Element des Feuers selbst fort und gibt sich selbst unaufhörlich neue Nahrung. Siehe, es ist Deine Welt, oh Gott, und Dein Werk. Wer aber bist Du?

Nein, eines von beiden muß Wahrheit sein. Entweder lügen jene, die Dich den Gott der Liebe nennen – dann könntest Du als ihr Schöpfer unmöglich wünschen, daß uns die Liebe gleich einem um den Hals gehängten Stein zum Grund des Sees herabzieht –, oder Du bist gar nicht der Schöpfer dieser Welt, mein Herrgott, und sie ist ohne Dein Dazutun und gegen Deinen Willen entstanden. Und so ermangelst Du entweder der Liebe oder aber der Stärke, die Welt zu schaffen, bist entweder ein böser oder ein kraftloser Gott, wähle, entscheide Dich in diesem Augenblick, wofür ich Dich halten soll.

Jesus Christus, was hab' ich getan, ich Unselige, was hab' ich da eben gesagt? Du seist ein böser Gott, hab' ich gesagt, oder ein schwacher Gott. Bist Du böse, so kannst Du beileibe kein Gott sein, bist Du schwach, so bist Du erst recht nicht Gott, sondern ein Bruder, gleich uns in den Ketten der Wehrlosigkeit und der Verzweiflung schmachtend. Vielleicht gibt es Dich also gar nicht, Gott, und es ist lediglich Dein Sohn auf

Erden, dieser Sohn und zugleich Nicht-Sohn, der Sohn ohne Vater, ein schwacher, zwar liebender, doch eben nur schwacher Mensch, der wirklich existiert?

Oh, ich höre sie, ich höre Deine Stimme, ich höre Dich sagen: Hoffart, perverse Hoffart ist es, die dich beutelt, du möchtest die Ordnung einer Welt ergründen, die aus meiner Weisheit entstanden ist, aus der Tiefe meines Verstandes heraus, dem sich gewöhnliche Sterbliche nicht zu nähern vermögen, den sie kaum aus der Ferne ausmachen können, als sei es ein Schloß im Nebel. Hoffart, sagst Du, Hoffart? Du nennst es so. Wenn ich den Wunsch verspüre, Deine Ordnung zu begreifen und zu lobpreisen, nennst Du meine Liebe ein abscheuliches Vergehen, und Deine eigene Sünde nennst Du Liebe. Wer bist Du? Du hättest – so sagst Du – diese Welt weise eingerichtet, so weise, daß wir armen Menschlein uns außerstande sehen, ihre Weisheit zu ergründen. Sollte etwa Dein Hirn nicht ausgereicht haben, die Welt so weise einzurichten, daß sich Deine Weisheit nicht nur Dir selbst, sondern auch uns offenbare? Ist es tatsächlich gescheiter, eine kluge Welt zu erschaffen und gleichzeitig all' ihre Bewohner geistig zu blenden – als der Welt Weisheit zu schenken und diese Weisheit den Menschen zu offenbaren? Wo soll ich nach Zeugen Deiner Klugheit und Liebe suchen? Und doch willst Du, daß Himmel und Meer, Stein und Wasser, Waldestier und Feldgras gleichermaßen Dein Loblied singen. Stein und Wasser lobpreisen Dich, der Mensch aber, Krone der Schöpfung, am sechsten Tage aus seelenlosem Urschlamm von Deiner Hand erschaffen und mit der Gabe des Denkens versehen, er allein bringt es fertig, seine Unvernunft an der eigenen, jammervollen Lage zu bemessen, als wäre er nicht Dir zur Ehre, sondern der Schöpfung zum Hohne gemacht!

Schon wieder kommst Du und forderst: Demut, Demut und nochmals Demut! Bist denn nicht Du derjenige, der mir

Demut abverlangt und sich zugleich vom Verstande vergöttern läßt?! Bist nicht Du es, der Liebe von mir fordert und gleichzeitig die Liebe mit seiner Rache verfolgt, die so brennend heiß ist wie rotglühendes Eisen? Zumal es einem – so man Dein Werk betrachtet und am eigenen Leib und eigener Seele die Fesseln Deiner Ordnung spürt – leicht so vorkommt, als wäre man der Alptraum eines bösen Dämons und nicht der Selige, der im Weinberg des Allmächtigen lustwandelt und Seine Wohltaten und Gnadenbeweise genießt.

»Ara to hosion, hoti hosion esti, fileitai hypo ton theon, e, hoti fileitai, hosion estin?« Lieben die Götter das Heilige, eben weil es heilig ist – oder ist umgekehrt das Heilige heilig, weil es die Götter lieben? Der Heiden allergrößter Denker hat so gefragt, was willst Du ihm darauf antworten? Ist nur das heilig, was Dir gefällt, so bist Du kein Vater, sondern ein Tyrann, weil du nicht zulassen willst, daß wir das Gute um des Guten willen lieben, und uns statt dessen zwingst, dem Befehl schnurstracks Folge zu leisten, nicht nach dem Sinn zu forschen und selbst das größte Unrecht zu begehen, wenn Du es nur verlangen solltest, und ganz nach Deinem Belieben heut' dies und morgen jenes für gut oder böse zu halten... Liebst Du aber das Gute um seiner selbst willen, so gib uns die Kraft zu erkennen, wo Gut und Böse liegen. Du bist ein Tyrann, wenn es auf der Welt über Deinen Befehl hinaus wirklich kein Gutes gibt. Oder aber Du läßt uns das Gute nicht erkennen und bist somit ebenfalls ein Tyrann.

Ich höre Dich, höre Dich auch jetzt, da Du sagst, der Weg zu Dir sei mit Dornen gespickt und man müsse sich selbst überwinden, wenn man in Deinem Weinberg Feste feiern wolle. Wer aber hat jene Dornen ausgestreut? Du nicht, Herrgott, Du nicht, so heißt es jedenfalls, sondern die ersten Eltern, da sie es wagten, sich Dir auf Anraten der Schlange zu widersetzen. Und womit widersetzten sie sich? Mit der Liebe, mit nichts anderem als ihrer Liebe. Es war zuerst die Liebe des Verstandes, den Du ihnen verliehen hattest, später jene zweite Liebe zueinander, die Du sie nicht gelehrt hattest. Und wäre da nicht die schreckliche Sünde, die unsere Leiber und Seelen für alle Ewigkeit der Hölle verschrieb, sag, Herrgott, wäre da nicht diese Sünde, hätte dann jemals Liebe aufkeimen können zwischen den ersten Eltern, ohne daß Du ihnen zuvor diese Liebe gebracht hättest und ohne daß Adam, soeben erst aus dem Paradiese vertrieben und von der Frucht gesättigt, die er vom Baume der Erkenntnis genossen, seine Frau erkannt hätte? Und wäre diese Liebe nicht entstanden, so hätte sich das Menschengeschlecht auf Erden nicht vermehren können, und es wäre unser Stamm mit jenen beiden allerersten Vertretern wieder zur Erde zurückgekehrt, er wäre erloschen und hätte den Ruhm Deiner Schöpfung mit sich genommen. So hat also nur die Sünde bewirkt, daß wir hier alle leben, die gleiche Sünde, deren Werk es ist, daß jeder neue Augenblick in unserem Leben zwangsläufig neue Sünde bringt. Durch Sünde sind wir auf dieser Welt, die gleiche Sünde läßt uns sterben, und mit der gleichen Sünde stürzest Du uns in ewige Verdammnis, und dabei ist eben diese Sünde nichts anderes als Deine Liebe, die Dir entspringt, denn Du hast Dich selbst zum Gott der Liebe ernannt. Du bist es, aus dem jene Liebe fließt, die uns nur gebiert, um uns hernach in den Schlund der Finsternis zu stürzen und den Dämonen zum Raube vorzuwerfen. Kann es größere Schande, schlimmeren Hohn, tieferes Elend geben? Und Du willst behaupten, Du hättest die Welt in Liebe, Weisheit und Allmacht erschaffen? Du sagst es, ich höre Deine Stimme, doch woher soll ich wissen, daß es wirklich Deine Stimme ist und nicht teuflische Versuchung und höllische Betörung? Wie soll ich Deine Stimme, oh Herr, von der Deines Widersachers unterscheiden können, da ich doch weiß, da wir alle wissen, daß Du der Bosheit des Satans gestattest, uns zu verlocken und zu verführen? Es heißt, ich wäre imstande, Deine Stimme zu erkennen, weil mich das Gute lenkt, wenn die Stimme des Teufels zum Bösen verlockt. Dabei weiß ich doch gar nicht, was gut und was schlecht ist, wenn ich nicht zuvor erfahre, was von Dir kommt und was mir der Fürst der Finsternis sendet. Wo sollte ich mich denn auch danach erkundigen? Das Feuer der Liebe kann ebensogut auch teuflische Lockung bedeuten, so ist es also gar nicht die Liebe, die Dich vom Versucher unterscheidet! Wodurch also unterscheidest Du Dich, was hast Du ihm voraus, antworte.

Erinnerst Du dich noch, Du Gott der Liebe, weißt Du den Namen des ersten Menschen noch, der auf Erden wandelte und vom Weibe geboren war? Sein Name war Kain. Er war der erste, gezeugt in weiblichem Schoß, der auf die Welt kam, um zu zeigen, daß Liebe zwischen zwei Menschen, körperliche Liebe, einmal entbrannt, notwendig Sünde gebären muß. Wäre es doch nur ein Irrtum gewesen von Deiner Seite, ein leicht auszubügelnder Fehler! Da aber der erste in Liebe gezeugte Mensch den Namen Kain trug, ist es offensichtlich, daß Du kein Wesen dieser Welt bedauern wolltest. Zehn Generationen vergingen, ehe Dein Mitleid wach wurde – es war, als Deine Engel in begehrlicher Liebe zu irdischen Frauen entbrannten. Da tilgtest Du neiderfüllt das Geschlecht der Menschen in den Wassern der Sintflut. So ist es Mißgunst und nicht wirkliche Sünde, die Deinen Zorn und Deine Rache erweckt. Und weshalb hast Du unsere Eltern aus dem Garten Eden vertrieben? Hast Du nicht gesagt: »Ecce Adam quasi unus ex nobis factus est, sciens bonum et malum; nunc ergo ne forte mittat manum suam, et sumat etiam de ligno vitae, et comedat, et vivat in aeternum?« Neid, purer Neid war es, der Deine Entschlüsse lenkte, Du hattest Angst, der Mensch könnte nach dem Baum der Erkenntnis gar vom Baum des Lebens selbst kosten wollen und so ein ewiges Leben erringen. Und Du verfluchtest kurzerhand die Liebe zur Vernunft, die Liebe zwischen Mann und Frau, schließlich auch noch die Liebe zum Leben. Für jede Liebe hattest Du eine neue grausame Antwort parat: Austreibung, Tod, Qual. Du hast unseren Äckern befohlen, Dornen und Disteln zu tragen, hast unsere irdischen Werke mit Deinem Bannfluch belegt, hast unsere Mutterschaft mit der Erduldung grauenvoller Qualen gekoppelt, die als gleichsam schmerzliche Strafe verhängt wurden, um die körperliche Liebe zwischen Mann und Frau zu ahnden. Du bist der Gott der Mißgunst, oh Herr, doch Deine Macht ist nicht grenzenlos. Du hast Adam gedroht, er würde an dem Tage sterben, da er von der verbotenen Frucht genösse, die Schlange sagte, er werde am Leben bleiben. An jenem Tage aber blieb Adam am Leben. Wer hat hier also die Wahrheit gesagt?

Hörst Du mich, Gott? Ob Du mich hörst, will ich wissen! Ein Philosoph hat einmal gesagt, Du wärest taub und stumm, das würde heißen, daß es Dich gar nicht gibt. Ein anderer hat behauptet, Du seist zwar nicht stumm, doch dafür taub, Du würdest uns zwar Befehle erteilen, unsere Gebete indessen würden Dich gar nicht erreichen; andere wiederum sagen, Du wärest im Gegenteil nicht taub, dafür aber stumm, Du wüßtest, was uns betrifft, sehr wohl, was zu unternehmen sei, ohne uns zu verraten, was wir tun sollten. Unser Glaube lehrt, Du hörtest uns und sprächest zu uns wie ein Vater. Doch hörst Du auf alle? Sprichst Du zu allen? Wer von Gott ist, hört auf das Gotteswort, sagt die Schrift; ich weiß das wohl, also muß man zuallerst Deinem Volk angehören, wenn sich Deine Stimme durch den Drahtverhau des Leibes hindurchkämpfen und in der Seele aufklingen soll. Jawohl, sagen sie, ja doch, so sei es, man müsse sich höchstselbst von allem Zorn reinigen, um Deine Stimme vernehmen zu können. Aber sie sagen auch, daß wir uns ohne Dich niemals unserer Wut entledigen würden, daß wir nichts weiter wären als übles Geschmeiß und Abschaum, der nicht imstande sei, die Eiswüste zu durchqueren, die uns von Dir trennt, wenn Du uns nicht zuvor Deine Hand reichst. Sie behaupten, Du hättest Deine Hand der ganzen menschlichen Gattung entgegengestreckt, Deinen Sohn der ganzen menschlichen Gattung zuliebe ins Martyrium geschickt, sein Erlöserblut hätte sich gleichmäßig über alle Seelen ergossen; jeder, der Dich verfehlte, trüge selbst die Schuld daran, da er Deine ausgestreckte Hand beiseite gestoßen habe. Meine Schuld also? Meine? Sie sagen auch noch dies: Deine Hand bliebe ausgestreckt, solang die Brust des Menschen atmen würde. Corruisti? Surge! Solange uns der Nebel des Todes nicht endgültig eingesogen hätte, sagen sie, solange stünde die Gnade bereit, bis zum allerletzten Augenblick, solange währte das Fest des Herrn, solange warte im Hause des Gastgebers der gedeckte Tisch mit frischem Honig und reifem Wein auf die Gäste, tritt ein und genieße! So reden sie, während ich blindlings nach der Festtafel taste, im Finstern schmerzhaft gegen steinige und eiskalte Wände stoße und nichts weiter höre als gestrenge Stimmen: tua culpa, tua culpa... Und so bin ich ganz einfach schlecht, Eigenlob und Eigenliebe halten mich mit ihren erbarmungslosen Krallen umfangen, schwach bin ich, die Seele ist mir ausgetrocknet wie Brennholz, und nur die Erinnerung an die eigenen Sünden vermag sie für kurze Augenblicke aufzuscheuchen. Schlecht bin ich, Herrgott, drum kann ich Dich weder hören noch finden, ich höre Dich nicht, drum bin ich doppelt schlecht, und dadurch hinwiederum doppelt taub... Wie klar ich's doch vor mir sehe: Einmal in den Netzen des Ungeheuers, kann ich nun nicht mehr fliehen, außer – in noch ärgere Netze, und aus diesen in noch schlimmere. Und so schnürt sich die Schlinge um den Hals enger und enger, bis zu dem Moment, da die Pupillen milchig weiß werden und die Seele rettungslos und ohne jegliche Hoffnung dem ewigen Abgrund entgegenstürzt.

Und was sagen sie außerdem? Es genüge, den Anfang zu machen: Eine einzige Bewegung, ein einziger Herzschlag, ein einziger Augenblick wirklicher Entsagung, und schon umwächst – genauso, wie zuvor das Böse von selbst zum Bösen gestoßen ist – nunmehr das Gute mit neuerlich Gutem, gleichsam wie ein Schneeball, der vom Felshang rollt und rasch größer und größer wird, wie ein Gebirgsbach, der vom unsichtbaren Rinnsal zum gewaltigen Fluß anschwillt. Oh, wie schön sie es ausdrücken: es genüge der Anfang! Doch womit soll man anfangen? Mit dem Verstand gewiß nicht, denn der Glaube an Dich ist in den Augen der Welt nichts als Wahnsinn und Torheit. Auch mit der Liebe nicht, denn sie trägt den Schandfleck des Körperlichen, und sie läßt sich mit nichts mehr reinwaschen. Liebe Gott um seiner selbst willen, sagen sie, ohne an Dich selbst zu denken, vergiß auch die eigene Erlösung dabei, gewinne Ihn lieb nicht um deinet-, sondern um Seinetwillen, so wie die Mutter ihr Kind liebgewinnt. Wofür aber soll ich Dich lieben, Gott? Für all die Qual, von der sie sagen, sie sei gar keine, für die Plage, von der sie behaupten, sie sei federleicht? Nein, ich muß Dich grundlos lieben, einfach deswegen, weil Du bist, weil Du Gott bist. Und eben dies ist der Grund, weshalb ich meinen Geliebten liebe, jenen irdischen, jenen Liebhaber aus Fleisch und Blut, für nichts, dafür, daß er ist, wie er ist, ohne nach Lohn, Zukunft und Glück zu fragen. Soll ich Dich so lieben? Mein Liebster aber hat mich erkannt, ich habe sein Lächeln gesehen, auf dem Lager hatte er mich umfangen, ich berührte sein Herz, er hatte mich – ohne zu suchen – von selbst gefunden, ich wußte, daß er da war, fühlte, daß es ihn gab. Und Du? wie soll ich denn Dich lieben können, wie diese meine Liebe beginnen, wo Du doch nicht zu mir gekommen bist, Dich nicht zuvor gezeigt hast, wo Dich mein Verstand nicht erreicht, Deine Stimme nicht bis zu mir dringt, wo ich Deine Hand weder sehe noch spüre? Womit beginne ich meine Liebe, wie werde ich wahrnehmen können, daß Du da bist, wie in mir jene Liebe erwekken können, deren Aufgabe es ist, zunächst einmal den Geist zu erleuchten, ohne daß sie selbst von irgendwoher erleuchtet würde?

An dieser Stelle höre ich sie sagen: Laß' die Spitzfindigkeiten, demütige dich, knie nieder, versuch's, verdränge die nichtswürdigen Gedanken, jage den Versucher in die Flucht. Sollte etwa dies der Weg sein, Dir nahe zu kommen, nicht über die Liebe zu Dir, sondern vielmehr über den Haß gegen Deine Feinde? Haß ist um soviel leichter, Herrgott, aber sollte es tatsächlich der Haß sein, der den Weg zu Dir ebnet? Während doch Dein Gebot lautet, man solle den Haß gegen die Feinde aus seinem Herzen reißen? Denn wenn wir – wie Du es lehrst – unsere Feinde lieben sollen, dann gilt dies doch auch für den Teufel, unseren Widersacher. Und so steht selbst dieser einzig mögliche Beginn im Widerspruch zu Deinem Gebot. Sollte es aber möglich sein, den Weg zu Dir mit blankem Haß anzutreten – warum dann nicht auch mit sündiger Liebe, die – wenngleich sündig – immerhin noch Reste Deiner Wärme an sich trägt, während der Haß pure Eiseskälte ausströmt? Und so laß mich mit dieser sündigen Liebe den Anfang machen, doch siehe, ich kann's nicht, weil mich ihre Sündhaftigkeit vor den Augen Deines Volkes wie ein eiserner Reifen an den Pranger schmiedet. Drum kehre ich zum Anfang zurück.

Schon scheint mir, einen winzigen, kurzen Augenblick lang, als hätte ich den Weg erkannt, der zu Dir führt, schon weicht für eine Weile die grausame Furcht, die die Gurgel umklammert hält, und es nahen einen Moment lang Tränen und Linderung und Hoffnung. Dann ist es vorbei, und ich tobe erneut blindwütig und ohne Rettung gleich einem wilden

Tier im Käfig umher oder hocke da, betäubt, ohne Herz und Hoffnung. Und jedem dieser Momente, da es mir eben, eben gelingen will, Deine Pfade zu sehen, folgen nur um so heftigere Qualen. So schwebe ich haltlos, in ständiger Erwartung Deines Erbarmens, und kann es dennoch nirgendwo entdekken.

Vertrauen, sagen sie, habe Vertrauen! Doch was bedeutet dies? Soll ich sündigen – und hoffen, daß mir vergeben wird? Es ist wahr, Du hast großen Sündern vergeben, derjenige, der Christus zur Todesstunde dreifach verleugnete, ist zum Felsen geworden, auf dem Du Deine Kirche erbaut hast. Vielen hast Du verziehen, doch kann es wirklich sein, daß der Sünder sein Leben lang im Unrecht waten darf, in steter Hoffnung auf Dein unendliches Mitleid? Zwar vergibst Du den Sündern, die nicht wissen, was sie tun, verzeihst somit jenen, die da unwissentlich, dem Trieb, der Leidenschaft folgend, ihre Sünden wie Tiere aussäen, ohne ihrer im mindesten zu gedenken. Du vergibst den Tieren – dem Menschen aber verzeihst Du nicht, söhnst Dich nicht aus mit dem Wesen, das sündigt und gleichzeitig a priori mit Deinem Erbarmen rechnet. Er *weiß*, drum darf er auch nicht auf Vergebung hoffen, er beleidigt Dich nicht mit seiner Tierhaftigkeit, sondern vielmehr mit seinem Menschentum, er tut es somit unaufhörlich und ohne jedes Ende, da er seine unsterbliche Seele dazu benutzt, Dein Mitleid zu erschleichen, unendlich groß ist seine Beleidigung, und unsagbar schreckliche Rache wird er erfahren.

Oh Morgenstern, der du allen leuchtest, mußtest du für mich als einzige erlöschen?

Ihr heiligen Fürsprecher, warum versagt ihr mir eure Hilfe?

Erlöser der Menschheit, warum hast Du mich Arme nicht erlöst? Sündige Liebe hat mich aus Deiner Herde vertrieben, ich folge der Stimme der Liebe, die mich mit jeder neuen Station weiter von Dir entfernt. Jeglicher Widerstand ist zwecklos; weht nur ein einziger Wind auf See, so bleibt nichts anderes übrig, als diesem einen das Segel zu leihen. Du rufst mich nicht, meine Stimme fällt in den Brunnen Deiner Weisheit und kehrt als hohles Echo zu mir zurück. Die Eiswüste Deiner Gesetze führt nirgendwohin, die Horizonte bleiben leer. Dort drüben aber, auf der anderen Seite, gibt es einen warmen Garten, sie nennen ihn die Täuschung. Dann eben Täuschung... Besser täuschende Wärme – als Kälte, die keine Illusion mehr birgt.

Leer sind Deine Pfade.

Mein Glück ist kurz und gut und sündig.

Die Sterne erfreuen mich, wiewohl ich den Sternen gewiß keine Freude bin.

Ich heiße Heloise. Einen anderen Namen habe ich nicht.

Non serviam.

4 Dialektische Betrachtungen des Arthur Schopenhauer, der Metaphysiker und Danziger Bürger war

Vorüber zieht freiwillig das Gefolge,/ und zeigt mir somit seines Seins Befugnis,/ es zeigt sie mir, indem es eben zieht,/ das heißt »vorüberzieht« (an mir vorbei, somit/ ist diese Seinsbefugnis mir anheimgegeben)./ Es zieht vorüber, brüstet sich und prahlt,/ ist stolz auf sich, weil es vorüberwandelt,/ somit auch stolz auf sein Vorhandensein,/ doch ist's nicht ausgeschlossen, daß es umgekehrt/ nur seines Stolzes wegen hier vorüberzieht./ Nun stockt es voller Eigensinn und kreist/ hartnäckig um die immer gleiche Stelle,/ als läge ihm daran, mir einzureden,/ mir fieberhaft und voller Nachdruck darzutun,/ daß seine Existenz vollauf berechtigt/ und – da es kreise – voller Sinn und Zweck,/ auch, weil es hier an mir vorüberzöge./ So wäre also »Sein« nichts weiter als/ Berechtigung des Seins und quasi Vollmacht/ und Legitimation? Doch wer in aller Welt/ erteilt die Vollmacht? Wer vergibt das Sein?/ Ein jeder, der vorübergeht, sich selbst?/ (vorübergeht, und somit ist?) In diesem Fall/ genösse es gewiß Unsterblichkeit./ Was letztlich kein unmöglicher Gedanke:/ es kann unsterblich sein – ja sogar: antisterblich./ Verdankt es nämlich seine Existenz/ der Tatsache allein, daß es vorübergeht/ – was wied'rum ganz gewiß, da es vorhanden –,/ so sind sein Sein und sein Vorübergehn/ gemeinsam *ein* Gesetz; dies wiederum beweist,/ daß seine Existenz von ewig gült'ger Dauer,/ so es erst einmal überhaupt vorhanden./ Hier liegt die Hauptursache uns'res Staunens,/ da es uns andrerseits erkennen läßt,/ daß es – wiewohl von seinem Pilgermarsch/ bis ins Unendliche hinein bestätigt –/ bei diesem Gehen tief im Innern sozusagen/ ganz offenkundig vom Zerfall bedroht,/ daß es erlischt, indem es stetig wandelt./ Mehr noch – klammheimlich gibt es zu verstehen,/ daß es nur deshalb ewig vor sich hingeht/ (beziehungsweise seine Ewigkeit bekundet),/ weil es vom allerfrühesten Beginn –/ von dem Moment, da es sich etablierte,/ da es zur unerschütterlichen Formation erstarrte –/ verurteilt war, allmählich zu verlöschen./ Doch wisset: in der logisch-straffen Ordnung/ – eins-zwei, eins-zwei, eins-zwei, eins-zwei-drei-viere –/ gibt's, wie mir scheint, die eine schwache Stelle,/ daß Wiederholung (und somit Bestärkung!)/ nicht endlos ist, nicht ewig, nicht unsterblich,/ was ihre Einzelglieder anbetrifft,/ daß jeder einz'-ge Bruchteil dieses Schreitens/ (als Beispiel: eins-zwei, oder auch: eins-zwei)/ desgleichen in sich unvollendet, daß somit/ sie alle, ohne Rücksicht auf die Anzahl,/ in gleicher Weise endlos sich gestalten./ So ist die Sterblichkeit in jedem Teile,/ in jedem Schritt des wandelnden Gefolges/latent vorhanden wie ein unfehlbar Geschoß/ (als Beispiel: eins-zwei, oder auch: eins-zwei)./ Um wieviel eher finden wir's im Ganzen,/ das doch aus lauter sterblich Gliedern sich zusammensetzt,/ mehr noch – erst in dem vollen großen Ganzen/ zeigt unaufhörlich sich die Sterblichkeit,/ wobei sich diese Endlichkeit erst dann so recht/ in ihrer Ungehörigkeit dem Auge offenbart,/ wenn man der vielen kleinen Einzelteile/ schier unbegrenzte Anzahl recht begriffen hat./ Dann nämlich sticht die Endlichkeit mit aller Klarheit/ mir blendend, gleißend und betäubend ins Gemüt/ und zeigt mir schonungslos, wie sehr sie wirklich endlich/ – dies eben ist die unbestritt'ne Nachricht/ des nun an mir vorüberwandelnden Gefolges,/ in dessen Marschtritt sie sich offenbart/ und sich nach folgendem System zusammensetzt:/ eins-zwei, eins-zwei, eins-zwei, eins-zwei-drei-viere./ Da es sich dieserart bestätigt, zeigt es traurig,/ zugleich jedoch unwiderlegbar, wie mir scheint/ (da von unsterblicher Bestätigung gelassen kündend),/ mir auf der Hand – wenn ich's einmal so nennen darf –/ die eigene Vergänglichkeit, die dort beginnt,/ wo auch das allererste »eins-zwei« sich entfaltet/ (wann dies genau war, hab' ich längst vergessen),/ den Rückfall seines eignen Ur-Bestehens,/ zerfließend, sinkend, schmelzend, untergehend,/ verbergend und verdampfend, nicht verweilend,/ sich selbst zum Trotz erscheinend und verschwindend,/ des Unaussprechlichen Gemarkung überschreitend,/ den Drang zum Nichts, zum Löchrigen, zur Lüge,/ es zeigt mir – kurz gesagt – das eig'ne Nichtsein./ Ich selbst indessen stehe voll Verwund'rung/ im Angesicht des Mangels, und ich lausche,/ und während ich so staunend-lauschend forsche,/ bemerke ich mit Schrecken, daß der Anblick/ des wandelnden Gefolges mich verwandelt/ und mich zum Spiegelbild desselben umgestaltet,/ so daß mir dieses Schwinden und Verlöschen/ im gleichen Maße spiegelnd offenbar wird./ Und nun, da des Gefolges blasse Schwäche/ und gleichsam Unvollkommenheit sich mir verbindet,/ nun, da sein gleichsam mangelhaftes Wachstum/ auf ärgerliche Weise in mir Fuß faßt/ und sich von einem Augenblick zum andern/ auf so erstaunlich schnelle Art entwickelt/ (gemeint sind seine Schwäche und sein Mangel!)/ und schier bis ins Unendliche hineinschwillt –/ ist alles dies zuviel für meine Kräfte./ Wie könnt' ich auch, der ich vollendet scheine,/ die Schwäche, die unendlich mich befallen,/ mit Wirksamkeit bekämpfen und besiegen?/ So wird denn die Vergänglichkeit des Zuges,/ die endlich das erreicht, was sie bezweckte,/ zu meinem eignen, vorbestimmten Schicksal./ Das nämlich war's, worum sich alles drehte:/ mir aufzuzwingen meine Existenz./ Dem Recht erliegen sollt' ich des Gefolges,/ mich beugen seiner Legitimation/ und seinem end-unendlich großen Sein./ Doch nun, da es mich schließlich doch bezwungen,/ wenn auch nicht in der Weise, die ihm vorgeschwebt/ (indem es mich zu seinem Spiegelbilde machte/ und die Mittäterschaft an meinem Untergang/ so meisterlich mir in die Schuhe schob) –/ erlösche ich, wie immer man es dreht,/ aus eignem, oder aber fremdem Antrieb./ Umsonst wird somit siegen das Gefolge,/ der Grund ist denkbar lächerlich und simpel:/ weil es – nun, weil es eben siegen wird.

5 Stenogramm einer metaphysischen Pressekonferenz, die der Dämon am 20. 12. 1963 in Warschau abgehalten hat

Sie haben aufgehört, an mich zu glauben, meine Herren, gewiß, ich weiß davon. Ich weiß es, und es läßt mich kalt. Ob Sie an mich glauben oder nicht – es bleibt einzig und allein Ihre Sache, haben Sie mich verstanden, meine Herren? Es ist mir maßlos gleichgültig, so gleichgültig wie nur irgend etwas, und wenn es mich dennoch ab und zu interessiert, dann nur in der Form, in der sich der Geist des Forschers an einem Naturwunder entzündet. Ich sage ausdrücklich Geist, denn die Sache an sich ist – was meine Verrichtungen und Erfahrungen angeht – nirgendwo auch nur von der mindesten Bedeutung. Daß Sie meine Existenz leugnen, tut meiner Eitelkeit keinen Abbruch, und zwar einfach deswegen, weil ich absolut nicht eitel bin, weil ich nicht die Absicht habe, von Ihnen für besser gehalten zu werden, als ich bin, ja nicht einmal für so, wie ich tatsächlich bin; ich will ich selbst sein, weiter nichts. Ihr Unglaube berührt keinen einzigen meiner Wünsche – sie sind alle erfüllt. Es kommt mir nicht auf die Anerkennung meiner Existenz an; für mich ist nur das eine wichtig – daß das Werk der Vernichtung nicht stockt. Ob man an meine Existenz glaubt oder nicht, bleibt auf die Reichweite meiner Arbeit ohne Einfluß.

Zuweilen stimmen mich die Ursachen dieses Unglaubens nachdenklich, nun ja, es ist ganz einfach, die Sache fesselt für einen kurzen Augenblick mein Interesse, ich betrachte Ihren jämmerlichen Skeptizismus etwa auf die gleiche Art, wie Sie eine Spinne beobachten, die an der Wand entlang kriecht. Mich macht die Unbedenklichkeit stutzig, mit der Sie Ihren

Glauben fahren lassen, und ich überlege mir, wie es kommt, daß immer und in jedem Fall ich das erste Opfer bin, sobald der Unglaube um sich zu greifen beginnt. »Ich falle zum Opfer« – so etwas sagt man so leicht dahin, um es nur eben glatt auszudrücken, in Wahrheit bin ich weder ein Opfer, noch trifft es zu, daß ich falle; oh nein, ich falle gewiß nicht. Und doch nimmt der Unglaube bei mir seinen Anfang. Den Teufel wird man am leichtesten los. Dann kommen die Engel, dann die Dreieinigkeit, schließlich Gott. Als wäre der Teufel das alleremfindlichste Teilchen Ihrer Vorstellungskraft, eine brandfrische, kaum gefestigte Errungenschaft, jungfräulichstes Gewebe Ihres Glaubens, oder ganz einfach nichts weiter als ein peinlicher, lästiger, kaum erwähnenswerter Belag in Ihren Hirnen, dessen man sich nur ungern zu erinnern pflegt. Dabei sehe ich, wie selbst diejenigen, die glauben, tief und inbrünstig glauben, voller Eifer, manchmal sogar voller Zorn glauben – daß selbst sie einen großen Bogen um den Teufel machen, daß sie aufgehört haben, über ihn zu reden, daß sie unsicher den Blick abwenden, wenn man sie anspricht, daß sie schweigen und nicht mehr wissen, ob sie ihm ganz und gar abgeschworen haben, oder ob da vielleicht noch irgendeine verborgene Zelle ihrer Seele seine Anwesenheit erfährt, und wenn, dann immer schwächer und schwächer, denn diese Zelle erlischt allmählich, sie stirbt ab, krümmt sich, erkaltet, der Teufel fällt der Vergessenheit anheim. So mag's denn geschehen.

Es kommt mitunter vor, daß ich in Kirchen gehe und mir die Predigten anhöre, ich lausche aufmerksam und gelassen, wobei ich ein Lächeln tunlichst vermeide. Es geschieht immer seltener und seltener, daß irgendwo ein Prediger – und sei's auch nur ein armer Dorfpfarrer – meiner von der Kanzel herab Erwähnung tut. Weder von der Kanzel herab noch im Beichtstuhl noch anderswo. Ob Sie's mir glauben oder nicht – er schämt sich! Jawohl, es ist nichts weiter als simple Scham. Man könnte ja sagen: Brett vorm Kopf, und: wie primitiv, und: glaubt noch an Märchen, und: ist nicht imstande, mit dem Geist der Zeit Schritt zu halten, dem sich schließlich auch die Kirche anzuschließen hätte. Nein? Die Theologen behaupten, die Kirche folge dem Zeitgeist, manchmal sei sie ihm gar um einiges voraus, und sie habe keine Furcht vor dem Neuen – aber, so setzen sie hinzu, dies gelte nur für die Form, nur für die Sprache, nur für das äußere Gewand, keinesfalls für den mystischen Kern, nicht für den Glauben, nicht für die Ehre Gottes. Wie denn, meine Herren Theologen? Was ist denn dann mit mir, wenn man fragen darf, obwohl mich, wie ich schon sagte, die Sache an sich im Grunde kalt läßt. Wo also ist der Platz des gefallenen Engels? Sollte ich am Ende nichts weiter sein als eine Sprache, eine völlig unwesentliche Zierform, die man über Nacht verändert, genauso, wie man seine Krawatten wechselt? Ist der Satan wirklich nur eine rhetorische Figur, ein modus loquendi, eine façon de parler? Ist er ein Mittel, die träge Phantasie der Gläubigen anzuregen, ein Mittel, an dessen Stelle man jederzeit ein anderes nehmen könnte? Oder ist er – meine Herren – vielmehr die volle, unleugbare Realität, fest in der Tradition verankert, in der Heiligen Schrift offenbart, eine Erscheinung, die die Kirche seit zweitausend Jahren beschreibt, etwas, was man berühren kann, was wehtut, was real vorhanden ist? Warum flieht ihr mich, meine Herren? Fürchtet ihr den Spott der Ungläubigen, habt ihr Angst davor, daß man in den Kabaretts Witze über euch reißen könnte? Seit wann fürchtet der Glaube den Hohn der Heiden und Ketzer? Was ist das für ein Weg, auf den ihr euch da begebt? Wo wollt ihr enden, wenn ihr euch aus Furcht vor der Lächerlichkeit von den Fundamenten des Glaubens entfernt? Ist es heute der Teufel, so fällt schon morgen unweigerlich der Herrgott selbst eurer Furcht zum Opfer. Meine Herren, es ist der furchtbare Götze der Moderne, der Sie in seinen Bann gezwungen hat, einer Moderne, die die letzten Dinge fürchtet und die selbst deren Existenz vor Ihnen zu verbergen trachtet. Ich erwähne dies nicht in meinem Interesse – was soll mir das Ganze?! –, ich sage es Ihnen und zu Ihrem Nutzen, gleichsam als hätte ich vorübergehend vergessen, welches meine Berufung ist, und als wäre mir meine Pflicht entfallen, Sünde zu verbreiten. Ich bin nicht der einzige, der so spricht. Gewiß gibt es hier und dort noch irgendeinen Mönch oder Kaplan, der mit gewaltigem Stimmaufwand und in tiefer Verzweiflung die Rechte des Satans beschwört, zum Glauben ruft, den Niedergang der Kirche brandmarkt und an die heilige Tradition erinnert. Doch wer hört schon auf ihn? Wie zahlreich sind heute schon die Stimmen, die in der Wüste rufen? Die Kirche ist taub geworden, sie rennt mit der Zeit um die Wette, will neuzeitlich, fortschrittlich, hygienisch, funktionell, leistungsfähig, trainiert, verwegen, motorisiert, radiophonisiert, wissenschaftlich, sauber und energisch sein. Läge mir wirklich etwas an Ihrem Schicksal – es wäre mir eine wahre Lust, Ihnen Ihr Elend, Ihre bemitleidenswerten Bemühungen vor Augen zu führen, mit denen Sie der Zeit gerecht werden wollen, die Ihnen ohnehin ständig um Tausende von Meilen voraus ist. Sport, Fernsehen, Filmleinwand, Banken, Presse, Wahlen, Urbanisation, Wirtschaft – und Sie wollen diese Welt beherrschen? Was sage ich – beherrschen! – Sie wollen dieser Welt gefallen? In einer solchen Welt wollen Sie modern sein, wollen die »Märchen« über Bord werfen, wollen einer Menschheit voranschreiten, deren von Zigarettenrauch und Benzinabgasen geschwärzte Lungen Atomstaub einatmen? Wen müssen Sie verleugnen, um in dieser Welt Anerkennung zu finden? Den Teufel? Ganz einfach den Teufel? Und Sie glauben, damit seien alle Zugeständnisse zu Ende? Aber meine Herren! Sie fürchten weder Unglauben noch Häresie, kein Teufel – somit auch kein Herrgott – ist mehr imstande, Ihnen Angst einzujagen, Sie fürchten nur noch das eine – daß Sie jemand am Ende für rückständig, für mittelalterlich halten könnte, Sie auslachen könnte, weil Sie altmodisch sind, Sie davon überzeugen könnte, daß Sie unhygienisch, altbacken, unsportlich, unwissenschaftlich, unwohlhabend, unwirtschaftlich sind. Das ist es, was Sie fürchten, um diesen einzigen Vorwurf zu entkräften, mobilisieren Sie mit fieberhafter Eile Ihre Druckereien, Banken und Parteien, Ihre Corbusier-Gotteshäuser, Ihre abstrakten Kirchenfenster. Gewiß, Ihr Untergang ist nicht eben mein Schade. Gehn Sie nur unter, bitte sehr, ich bin's schließlich nicht, der mit Ihnen untergeht, Sie tun's ganz allein. Die schwache Hoffnung, die Zweifler mit Schmeichelei und Schöntun anlocken zu können, verleitet Sie dazu, ihre ganze Skepsis mit zu übernehmen, alles zu verleugnen, wonach Sie bisher gelebt haben. Und Sie bilden sich in Ihrer Dummheit auch noch ein, den Glauben unverändert beibehalten und ihm lediglich ein modernes »design« gegeben zu haben. Dabei wird der Teufel zuallererst geopfert, immer und zuallererst der Teufel.

Es ist bemerkenswert – und zugleich belachenswert –, daß ich meinen Namen ab und zu lediglich aus den Mündern wahrhaft gottloser Menschen höre, die ihn ohne jegliche Verlegenheit aussprechen, weil sie an meine Realität nicht glauben. Dann gibt es auch noch das »Teufelchen«, wie es gewöhnlich unter den Jahrmarkts-Marionetten auftritt und unter dem Gelächter der Kinderschar seine Possen treibt, und sollte ich jemals im Theater oder in einem Buch in Erscheinung treten, so muß es sich unzweifelhaft um sogenannte »gottlose« Bücher und Theaterstücke handeln. Und in der Kirche, auf der Kanzel? Alte Bilder werden aus den Gotteshäusern entfernt, auf daß der Teufel kein Unheil anrichte. So verlange es angeblich die »moderne Erziehung«. Mit allen rundum habt ihr Bündnisse geschlossen, meine Herren, um auch ja Schritt halten zu können mit jenen, die euch verhöhnen, auf alles geht ihr ein – bis auf den Glauben, auf die Tradition. Ihr habt vom Teufel nur noch klägliche Reste übriggelassen, den Fluch ohne Inhalt, das Krippenspiel, oder auch den beschämenden Hauch eines entwerteten Mythos, den man so rasch wie möglich abtun sollte, die quälende Hinterlassenschaft längst verflossener Zeiten, Urvätergerümpel im neuzeitlichen Heim – das so hygienisch ist und so funktionell. Ihr nennt euch Christen? Christen, obwohl ihr keinen Teufel kennt? Gut, gut, nicht meine Sache, wirklich nicht meine Sache.

Dann ziehe ich schon Ihren Unglauben vor, meine Herrn, es gibt darin zumindest kein So-tun-als-ob, keine Scham, keine Peinlichkeiten. Sie stellen keine Fragen, den Teufel betreffend, Sie versuchen erst gar nicht, ihn loszuwerden, denn Sie besitzen nichts, was Sie loswerden müßten. So kommt es Ihnen zumindest vor. Sie haben den Teufel Ihren wissenschaftlichen Abhandlungen vorbehalten, haben ihn so gut wie möglich beschrieben, in Ihrer Geschichte, Ihrer Soziologie, in der Psychologie, der Religionskunde, sowohl in der Psychoanalyse wie im Roman und dem Hexendrama. Für Sie ist die Angelegenheit erledigt, stimmt's? Erledigt und basta, nicht wahr? Nun? Ist sie wirklich erledigt? Ihnen kommt es so vor, als hätte Ihre Abrechnung mit der Welt des Chthonischen ein Ende gefunden, Sie haben von den Christen zumindest das eine gelernt: nämlich die unablässige Verdammnis dessen, was sich einst »manichäische Häresie« nannte. Der christliche Optimismus hat Ihre Gehirne austrocknen lassen, Ihre Köpfe sind so steril geworden wie Verbandszeug. Sie sagen, das Böse sei nicht real, es sei ein Unglück, ein Geschick, das der Welt rein zufällig zuteil wurde, etwas, was vorkommen kann, gewiß, doch nur so, wie manchmal auch zweiköpfige Kälber vorkommen, etwas völlig Zwangloses, dessen spontane Harmonie vom weiteren Verlauf des Lebens ganz von allein wiederhergestellt wird; Sie sagen, daß man das Böse tagtäglich und uneingeschränkt bekämpfen könne. Das Wort »böse« träfe nur für Einzelfälle zu, drum habe es in Ihrer Sprachregelung eine so pathetische, explosive Färbung, drum trage es so schwer an Ihrer Sorge, Ihren Wünschen, Ihrer Grübelei und dem Vertrauen, das Sie in die Zukunft setzen.

Das alles stimmt nicht, meine Herren. Das Wort »böse« beinhaltet nicht das geringste Quentchen Pathetik, es ist weder grauenvoll noch erhaben, sondern sachlich und trocken, es weist genau auf das hin, worum es geht, ist genauso simpel wie die Worte »Stein« und »Wolke«; es ist dem Objekt engstens angepaßt, trifft mit unfehlbarer Sicherheit mitten in seine Realität, es ist präzise und ohne jeden Schwung. Das Böse ist ein Ding, nichts weiter als ein Ding.

Nein, Sie wollen darüber nichts wissen. Sie sehen die Leere und wiederholen dennoch mit irrwitzigem Starrsinn nur immer das eine: so ist es, so ist es passiert, ganz einfach so, dabei hätte es auch andersherum lauten können; das Böse ist ein Vorfall, es ereignet sich rein zufällig, mal hier, mal dort, und es bleibt aus, sofern man ihm mit genügender Energie entgegentritt. Das Ende der Welt wird Sie überraschen, und Sie werden der festen Überzeugung sein, daß auch der Weltuntergang ein Werk des Zufalls ist. Sie glauben nicht an den Teufel.

Sie sehen Grausamkeiten, die niemandem nutzen, ziellose, freudlose Zerstörungswut, und kommen nicht darauf, daß es der Teufel sein könnte. Es stehen Ihnen alle Erklärungen zur Verfügung und sämtliche Namen, die zur Lösung jeder einzelnen Spielart des Problems vonnöten sind. Sie haben Ihren Freud, der Ihnen hilft, über Aggressionsdrang und Todestrieb zu sprechen, dazu Ihren Jaspers, auf daß er Ihnen etwas über die Leidenschaften der Nacht erzähle, in welcher der Mensch den Versuch unternimmt, der Gottheit ihre Geheimnisse zu entreißen, Sie haben Ihren Nietzsche, Ihre Psychologen von »Herrschafts«-Gnaden. Sie beherrschen die Kunst, etwas zu verbergen, wobei Sie es gleichzeitig fertigbringen, eine Sache unter dem Vorwand zu verschweigen, Sie wollten sie soeben enthüllen. Doch sind Sie wirklich imstande, bei dieser Verheimlichung zu bleiben?

Durchsucht nur sorgfältig eure Gewissen, ihr Christen, eure Gedanken, ihr Gottlosen, grabt nur ein wenig unter dem wohlgepflegten Rasen eurer gelehrten Rede, eurer Metaphysik und Psychologie, schaufelt die Erde beiseite, kehrt zu euch selbst zurück, gebt dem Wort für einen kurzen Moment seine ursprüngliche Bedeutung wieder, seine strenge und unpathetische Geste, verharrt in der längst verlorengegangenen Wortwörtlichkeit. Versucht es einmal, euch beim alltäglichsten Anblick wenigstens einen Augenblick lang zu konzentrieren, selbst wenn es nur ein Bild ist, das – wie es euch scheint – von der Zerrlinse philosophischer Redeweise verunstaltet ist. Es wird genügen, um *mich* zu erblicken. Ihr werdet *mich* sehen, ohne jedes Erstaunen, und werdet glauben, ihr hättet mich von jeher gekannt, entgegen all euren Doktrinen; das Antlitz, das euch erscheinen wird, wird bekannt sein, alltäglich, obwohl ihr es doch zum allerersten Male seht. Es wird euch der vertraute, kühle Hauch einer Kraft umwehen, der ihr nur ungern gedenkt, obwohl doch tief auf dem Grunde eurer Gehirne übertönt von metaphysischem Gebrüll, ins Nichts gestoßen und zertreten, das Wissen um sie unzerstörbar weiterglimmt.

Es ist jene Vernichtungskraft, die nichts weiter will als zerstören. Ihr begegnet ihr überall – in euren Niederlagen und Fehlern, in Grausamkeit und Tod, in der Vereinsamung und in den unerfüllten Wünschen. Ihr steht ihr Auge in Auge gegenüber, und sie ist dort am stärksten gegenwärtig, wo die Grausamkeit und das Böse nicht Mittel und Werkzeug, sondern Selbstzweck sind.

Hat das Böse einen Sinn, entspringt es der Liebesgier, der

Angst, dem Drang nach Reichtum, dem Stolz, ja selbst der Eitelkeit oder der Rache – so ist mein Anteil an ihm nur unerheblich. Das Böse ist immer dann gerechtfertigt und rationell, wenn es nur darauf aus ist, ein Ziel zu erreichen, das man auch ohne seine Hilfe zu erreichen trachten würde, wenn dies möglich wäre. Leidenschaft, Gier und Furcht an sich sind nicht teuflischen Ursprungs; das Böse, so es ihrer Befriedigung dient, ist nichts weiter als ein notwendiges Werkzeug.

Der Satan tritt erst dort voll in Aktion, wo die Zerstörung kein anderes Ziel kennt als sich selbst, wo sich Grausamkeit um der Grausamkeit willen, die Demütigung um der Demütigung willen vollziehen, wo Tod und Leid Selbstzweck sind – wo das Ziel nichts anderes ist als eine angenommene Maske, die den Zerstörungshunger legalisiert. Erst dort, und zwar selbst in der unbedeutendsten Schlappe, die das Sein erleidet, erst dort offenbart sich euch jene Übermacht, die ihr auf nichts zurückzuführen wißt, durch nichts erklären, mit nichts rechtfertigen könnt. Es gibt sie, einfach weil sie vorhanden ist, weil sie ein Ding ist wie andere Dinge auch. Dies festzustellen fällt euch am allerschwersten. Ihr seid imstande, jede sinnvolle Art von Schlechtigkeit ihres Sinnes zu entkleiden, ihr könnt die Welt von Grund auf umkrempeln und neu einrichten. Dem Bösen aber, das sich als das Böse schlechthin selbst rechtfertigt, könnt ihr seine Lebenskraft nicht rauben. Es ist müßig, sie als Offenbarung dieser oder jener Kraft erklären zu wollen, die »an sich« gut oder unschädlich ist und sich zum Guten hinlenken läßt; als zufällige Verrenkung, Abweichung, Fehlleitung, Monströsität – als eine Art nutzlosen Phänomens, wie es eine an sich sinnvolle Einrichtung darstellt, die unter inkompetenten Voraussetzungen arbeiten soll. Der Teufel unterliegt keiner Reform. Der Teufel läßt sich nicht erklären, er ist Bestandteil unseres Seins, ist ein Ding, ist das – was er ist. Es mag einem seltsam vorkommen, daß sich euch in einer Welt, aus deren Amalgam rein zufälliger Begebenheiten ihr so hartnäckig eine Ordnung herauszulesen – um nicht zu sagen: zu konstruieren – bemüht seid, das Böse nach wie vor als Faktum oder Unregelmäßigkeit präsentiert – und in jedem Faktum ist unveränderlich Regellosigkeit enthalten! – und daß ihr ihm, dem Bösen also, seine dingliche und notwendige Beschaffenheit absprecht, wodurch ihr euch ihm, statt daß ihr es eurer Scham in bezug auf irdische Realitäten einverleibt, mit der Direktheit von Ästheten nähert. Im übrigen ist daran ganz gewiß nichts Verwunderliches, ihr habt eure Gründe für die Maskerade, die euch vom Dämon befreit und somit bewirkt, daß eure aufs Praktische gerichtete Energie jener Bremsen ermangelt, die ihr die Überzeugung hinsichtlich gewisser fundamentaler Beschränkungen ihrer Wirksamkeit normalerweise auferlegen müßte. So kann es geschehen, daß sich euer Wissen um die Welt und die Hoffnung, dies Wissen im Dienste der Weltverbesserung anwenden zu können, »pari passu« vorwärtsbewegt, von einer hartnäckigen Einbildung geleitet, die es euch gestattet, das Böse als im Abnehmen begriffene Tatsachenhohlräume innerhalb einer essentiell gesehen vom Guten regierten Welt zu betrachten.

Doch genug davon. Ich habe beschlossen, mich vom Gebiet der Metaphysik fernzuhalten, wo es mir ohnehin nicht gelänge, eure chimärischen Vorurteile zu überwinden; leider ist mir in der Zwischenzeit trotzdem das eine und andere herausgerutscht. Ich komme also zum Schluß und erwarte die Fragen, wobei ich noch unterstreichen möchte, daß der Teufel – entgegen einer weit verbreiteten Meinung – in keiner Weise über Humor verfügt; auch besitzt er keinerlei Intelligenz, sofern man unter Intelligenz die abstufbare Fähigkeit verstehen will, dem Sammelsurium der Welt gewisse in aktueller Hinsicht interessante Qualitäten zu entnehmen und zu ordnen – denn es liegt auf der Hand, daß ich keine wie immer geartete Ordnung nötig habe und daß mir Qualitäten abgehen, die sich abstufen lassen.

Ich wiederhole die *erste* Frage: Soll man, da der Dämon zur Seinsgeschichte gehört, den Sturz der Engel für eine Legende halten und statt dessen annehmen dürfen, der angeblich Gefallene sei in Wahrheit ein ewig-ebenbürtiger Rivale Gottes?

Meine spontane Antwort lautet: Nein. Die Geschichte vom Sturz der Engel ist unbedingt authentisch, woraus man allerdings nicht den Schluß ziehen darf, das Böse sei seinem Charakter nach ein Faktum und nicht ein struktureller Bestandteil des Seins. Um sich dies vergegenwärtigen zu können, würde es genügen, sich die absolute Unwiderruflichkeit jenes Faktums vor Augen zu halten – nicht in dem Sinne, in dem jede vollzogene Tatsache unwiderruflich ist, sondern indem ein jedes einmal vollzogene Faktum eine neue, unabänderliche Weltstruktur schafft, innerhalb derer das Böse ein integrierendes und konstitutionelles Element darstellt. Verharrt man an diesem Punkt, so drängt sich der Schluß auf, daß zwar das Böse auf strukturelle Weise in der Welt existiert, daß aber seine Herkunft an sich rein faktisch und zufällig ist. Indessen verhält es sich anders. Jener Sturz kann, betrachtet man ihn aus einer späteren Perspektive, nichts anderes sein als eine zeitlich vollendete Manifestation oder auch Aktualisation einer bestimmten Seinspotenz, die – obgleich für manche vorübergehend unsichtbar – unbedingt dauerhaft und ewig ist. Wenn ich »manche« sage, so meine ich damit selbstredend nicht Gott, dem ja die ganze Sache von Anfang an völlig klar gewesen sein muß.

Ich gehe zur *zweiten* Frage über: Ist der Dämon bereit, seine Position in der Weltordnung als strukturelles Element des Seins zu akzeptieren?

Die Beantwortung dieser Frage fällt mir nicht schwer, obwohl ich nicht sicher bin, ob es euch ebenso leicht fallen wird, den Sinn meiner Antwort zu erfassen. Eine der ebenso strikten wie unbedingten Grundvoraussetzungen für die Natur des Dämons nämlich ist die Anerkennung seines Standorts – und zugleich seine Verneinung. Der Dämon verlangt nach dem Bösen, und so strebt er danach, seine zerstörerische Arbeit fortzuführen, er wünscht keine Veränderung, was seine Lokalisierung innerhalb der Ordnung oder auch Unordnung betrifft, genauer gesagt: seine Bestimmung als Negation der Ordnung innerhalb der Ordnung. Damit erklärt er sich mit seiner Existenz einverstanden. Und verleugnet gleichzeitig diese Ordnung, eben weil er ist, was er ist; er negiert das System, das ihm seine Funktion als negatives Element seiner selbst vorschreibt. Indem er aus der Negation der Ordnung lebt, schöpft er seine Existenz aus eben der Ordnung, die er verneint und die ihrerseits in ihrer Existenz durch jene negative Kraft mitumschrieben wird, die den Dämon schafft. Eine Welt, in der sich das Werk des Dämons auf endgültige Weise vollziehen würde, wäre eine Welt ohne Dämon, somit eine Verneinung des Dämons, und dennoch kann auch der Dämon nicht anders existieren als im Kraftfeld einer Bewegung, deren Ziel die endgültige Zerstörung ist. Da es also der destruktive Hunger ist, der den Dämon schafft, bedarf es zu seiner Stillung der Anwesenheit zerstörter Ordnungen, gewissermaßen des Gleichgewichts jener beiden Formen, aus denen sich die Welt zusammensetzt; indessen ist mir nichts so verhaßt wie eben die Schaffung eines solchen Gleichgewichts. Man muß somit zugeben, daß der Teufel nicht ein Subjekt des Zerstörungshungers, sondern vielmehr der Hunger selbst ist, da das Subjekt seinen Hunger immerhin stillen kann, während diese Stillung für den Hunger selbst das Ende bedeutet. In diesem Sinne mag es zutreffen, daß der Dämon seine Anwesenheit auf die eine Waagschale gelegt hat und sie mit der anderen ins Gleichgewicht bringt, wobei er gleichzeitig danach strebt, dieses

Gleichgewicht – nämlich den ebenso unmöglichen wie widersinnigen Wunsch, sich nach Vernichtung des Antagonisten seine eigene Identität zu bewahren – von neuem zu zerstören. So ist auch Goethes berühmte Wendung zu verstehen – »ein Teil von jener Kraft etc.« –; sie weist auf den unüberwindbaren Gegensatz hin, den die Existenz des Dämons enthält, und nicht etwa darauf, daß – wie manche Katecheten platterdings behaupten – sich das Werk des Dämons auf göttliches Betreiben so oder so ins Gegenteil seiner Absichten verkehre, daß es aufbaue statt zu zerstören. Nur kann man, wie ich hinzufügen muß, den gleichen Widerspruch auch in Gott entdecken, wenn man ihn als eine Existenz ansieht, die den gleichen Ursprung hat wie der Dämon, ohne sein absoluter Schöpfer zu sein; bei der Anerkennung dieses gemeinschaftlichen Ursprungs ist es gleichgültig, ob wir den Dämon als Negation der Ordnung behandeln oder vielmehr die Ordnung als Verneinung des Dämons oder Negation der Negation, woraufhin denn auch der Widerspruch, den ich erwähnte, automatisch zur Widersprüchlichkeit Gottes wird. Doch ich begreife die Einwände gegen eine derartige Interpretation und mische mich nicht in eine Sache, deren genauere Untersuchung mich zum detaillierten Nachdenken über das Wesen göttlicher Schöpfung an sich und über ihren in der Tat negativen Charakter zwingen würde.

Und so gehe ich zur *dritten* Frage über, die im übrigen nur ein Fragment der zuvor gestellten ist: Steht es unwiderruflich fest, daß der Dämon nicht errettet werden kann?

Ich glaube, daß ich die Intentionen des Fragestellers richtig verstanden habe. Das Verhalten Gottes seinen gefallenen Engeln gegenüber scheint einem in der Tat von geradezu auffallender Ungerechtigkeit, vergleicht man es mit der Haltung, die er dem Menschen gegenüber einnimmt. Die Engel – eine Tatsache, die im übrigen von den Angelologen zu keiner Zeit angezweifelt worden ist – sind Schöpfungen, die den Menschen an Vollkommenheit weit übertreffen, und sei's allein deswegen, weil ihre Konstruktion keinerlei zerstörerische Elemente aufweist; die Sache ist evident. Weshalb also erlöste Gott die Menschheit (indem er seinen eigenen Sohn leiden und sterben ließ), während er die gleiche Wohltat den gefallenen Engeln verweigerte, Geschöpfen, die den Menschen in so erheblichem Maße überlegen sind und somit – wie man annehmen möchte – um so eher auf die hilfreich ausgestreckte Hand bauen dürften? Ich möchte von vornhinein festhalten, daß hier der Grund keinesfalls im schwereren Grad des Vergehens gesucht werden darf; in beiden Fällen nämlich beruhte die Sünde auf purem Ungehorsam, der vom göttlichen Standpunkt aus betrachtet immer gleich sündig ist, ohne Rücksicht auf die Umstände der Sünde und auf ihren Umfang, und stets gleichermaßen beleidigend. Corruptio optimi pessima? Nichts weiter als eine leere Redensart, ohne Beweiskraft, ein Gemeinplatz, der – selbst, wenn er wahr wäre – nichts erklären könnte, da doch, ich wiederhole es nochmals, der Ungehorsam als Sünde keinerlei Abstufung verträgt und stets, was schwerer wiegt, ewigwährende Schuld bedeutet. Also? Die Antwort kann nur lauten: Gott hat den Dämon untergehen lassen, weil er ihn zu retten einfach nicht in der Lage war. So ist es denn auch – wenn man ein wenig über die göttliche Natur nachdenkt – völlig offenkundig, daß Gott die Erlösung des Dämons und somit einfach seine Vernichtung als Dämon sehnlichst wünschen muß. Wenn aber sein Wunsch wirkungslos und unfruchtbar bleibt, so eben deswegen, weil der Engelssturz kein bloßes Faktum und kein Zufall war, sondern eine Offenbarung der zwangsläufigen Weltstruktur, und weil sich seine Folgen – in der Natur des Seins selbst verankert – in keinem Falle hätten abwenden lassen. Die Unmöglichkeit einer Erlösung für Dämonen ist das stärkste Argument für die bereits zitierte

These, wonach der Engelssturz als Aktualisation gewisser unveräußerlicher und Gott gegenüber ewig-gemeinschaftlicher Seinsmerkmale interpretiert werden muß. Es ist nach meiner Vorstellung ein Argument, dem auch nach euren menschlichen Gesichtspunkten ein gewisser Wert nicht abzusprechen ist.

Im Zusammenhang hiermit höre ich die *vierte* Frage: Kann somit angenommen werden, daß die fundamentale Seinsstruktur nicht das Resultat einer freiwilligen göttlichen Entscheidung ist, sondern daß vielmehr Gott selbst in einer Weise, auf die er keinen Einfluß hat, durch Vereinbarungen gebunden ist?

Meine Antwort: Jawohl, genau dies darf angenommen werden.

Fünfte Frage: So stimmt also möglicherweise unser Katechismus nicht mehr, der doch lehrt, Gott sei der Schöpfer an sich?

Antwort: Ich sehe keine Notwendigkeit, eure Katechismen einer Revision zu unterziehen. Sie treffen bei einer bestimmten Interpretation zu, nämlich wenn man annimmt, daß Gottes Schöpfung die Ganzheit der positiven Erscheinungswelt umfaßt, also die Gesamtheit selbst jener Seinsformen, die sich von ihr unterscheiden. Was das Sein selbst anbetrifft, das nicht identisch ist mit der Gesamtheit einzelner Seinsformen und das den Gegensatz zwischen Gut und Böse überschreitet, drücken sich eure Katechismen nach meiner Meinung nicht exakt genug aus. Doch sehe ich keinen Grund, sie mit einschränkenden Vorbehalten zu versehen, zumal die Seins-Frage als solche euer Interessengebiet gar nicht berührt. Schließlich geht sie über die sichtbare Welt der Erscheinungen hinaus, das einzige Fragengebiet, das sich mit Hilfe eurer Sprachen einigermaßen zufriedenstellend formulieren läßt. Sehr lehrreich sind in diesem Zusammenhang die Schlappen, die Parmenides, Hegel und Heidegger erlitten haben.

Sechste Frage: Ist der Dämon imstande, eine Sache zu begreifen, die nicht einmal Menschen begreifen können? Ist diese gemeinsame und gleichzeitige Anwesenheit der Ordnung und ihrer Negation – wenn man sich noch dazu darüber klar ist, daß das Sein über beide Elemente hinausgeht und ihnen ständig vorauseilt –, ist also die gemeinsame Anwesenheit in ihrer Relativität für den Dämon faßbar? Mit anderen Worten: Ist das »unrelative« (also konkrete) Sein dem Dämon zugänglich, und wenn ja – bis zu welchem Grade?

Meine Antwort lautet: Er begreift es lediglich als intellektuelle Unabwendbarkeit, mehr oder minder als Idee im Sinne Kants, als reine Grenz-Realität einer positivistisch-geistigen Bemühung. Sie auf positive Weise zu erfassen, ist dem Dämon nicht möglich – ebensowenig erfaßbar übrigens wie für Gott, meiner Meinung nach. Der Dämon weiß viel, allwissend ist er nicht; auch dies sollte euch von Goethe her bekannt sein. Ich würde es vorziehen, wenn man mir keine Fragen in dieser Richtung mehr stellen würde.

Die *siebente* Frage halte ich für kindisch, will sie jedoch trotzdem kurz beantworten. Sie lautet: Kann der Dämon Wunder vollbringen?

Diese Art der Fragestellung, meine Herren, hat mir erneut vor Augen geführt, wie schlecht Sie hinsichtlich der Wirkungsweise des Dämons orientiert sind. Sie äußert sich in den menschlichen Verhaltensweisen und nicht in verblüffenden Naturerscheinungen, Monstrualitäten oder Kunststückchen. Derlei Dinge bieten Gelegenheit zum Amüsement, der Dämon aber ist nicht amüsant. Gewiß ist er – wie etwa der hypothetische Dämon des Descartes – imstande, illusorische Augenscheinlichkeiten zu schaffen, und Fakten, die in Wahrheit unreal sind, das Gewicht unzweifelhafter Realität zu verleihen; auch vermag er – wie Maxwells hypothetischer Dämon –, auf effektvollste Weise den Zustand höchst augenscheinlicher – da höchst unglaubwürdiger – Irrealität heraufzubeschwören. Er kann dies alles, soweit sein Wirken auf den Irrtum abzielt, auf die Überrumpelung des Verstandes. Doch ist der Irrtum, der seine Entstehung der Anerkennung offenkundiger Augenscheinlichkeit verdankt, mit den Hauptrichtlinien meiner Arbeit unvereinbar; ein Fehler dieser Art nämlich beschämt niemanden, man akzeptiert – selbst dann, wenn er längst als Fehler erkannt ist – seinen natürlichen und gewissermaßen unabwendbaren Charakter. Niemand käme auf die Idee, die vorkopernikanischen Generationen zu verlachen, nur weil sie an die Unbeweglichkeit der Erde glaubten; ihr spontaner und natürlicher Glaube ist für euch ganz im Gegenteil der Hintergrund, von dem sich der Genius des Kopernikus erst in vollem Glanze abhebt. Wenn wirklich einmal der Fehler an sich zum Zielobjekt des Dämons wird, dann ist es ein Fehler, der Schande bringt, ein nichtswürdiger Fehler, einer, dessen man sich zu schämen haben wird, anders ausgedrückt: ein Fehler – gebt gut acht! –, den Menschen verschuldet haben, zumindest einer, der die Menschen zu dem Geständnis zwingt, er sei durch sie verschuldet worden und präge ihnen das Brandmal der Schande auf. Zauberkunststückchen sowie Täuschungen, die Augenscheinliches vorgaukeln, gehören nicht zu den Hauptbestandteilen des teuflischen Repertoires, zu den Grundrichtlinien seiner Arbeit. Es ist – wie ich schon sagte – eine trockene, nüchterne Arbeit, eine Arbeit ohne jeglichen Schwung, ohne spielerische Elemente, ohne Humor und ohne all jene Dinge, die den Menschen zu fesseln vermögen. Die Zerstörungswut des Dämons umfaßt Bereiche, für welche die Menschen die volle Verantwortung tragen, und so muß denn auch das Böse, das von ihm erzeugt wird, die Menschen mit Schande züchtigen, wenn es sein Ziel erreichen will. Mit einer Ausnahme: dem Tod – nicht einer besonderen Spielart des Todes, sondern der generellen Tatsache seiner Unabwendbarkeit.

Und schließlich Frage *acht*: Wenn der Dämon, wie es sich

gezeigt hat, nicht allwissend ist, wäre es dann im Bereich des Möglichen, daß auch er einen Fehler macht und daß sich somit etwas hinterher als Wahrheit erweisen könnte, was sich zuvor auf sein Betreiben als schändlicher Fehler in die Welt eingeschlichen hat?

Ich antworte: Dies ist unmöglich, weil die Klugheit des Dämons groß genug ist, die eigenen Grenzen zu erkennen, und weil sie aus diesem Grunde Fragen als ungerechtfertigt zurückweist, die die genannten Grenzen überschreiten. Auch darin unterscheidet sich der Teufel vom Menschen.

Eben ist mir die *neunte* Frage gestellt worden: Immerhin bedeute die genaue Kenntnis der Grenzen gleichzeitig auch deren Überschreitung, und die Berührung des Grenzstrichs sei zugleich eine Berührung dessen, was sich dahinter verbirgt. Wenn also das Wissen des Dämons tatsächlich Grenzen habe, so sei es ein Ding der Unmöglichkeit, daß er in seiner Fragestellung, und damit auch in seinen Antworten, fehlerfrei bleibt. Dies aber bedeutet, daß man keine seiner Verlautbarungen als autoritär ansehen könne, insbesondere keine seiner Erklärungen, die sich auf seine eigene Existenz beziehen.

Meine Antwort lautet, daß dies keine Frage, sondern ein lächerlicher Versuch ist, eine Diskussion zu entfesseln. Der Dämon diskutiert nicht mit Menschen. Seine Existenz bedarf weder eines Sinngehalts noch einer Beweisführung, da sie ihrer Natur nach kein Faktum darstellt. Wenn die Menschen sein Dasein auf andere Weise interpretieren, wenn sie ihm beispielsweise einen rein kasuistischen Charakter zuschreiben, so ist das nur eine Fehlervariante unter vielen. Doch habe ich bereits einmal mein Desinteresse erklärt, was den Glauben an meine Existenz anbetrifft. Schon vor ein paar Jahrhunderten haben Theologen festgestellt, daß man diese Parteigänger des Teufels am leichtesten daran erkennen könne, daß sie seine Existenz verleugnen. Es steckt ein Körnchen Wahrheit in dieser ansonsten etwas übertriebenen Behauptung. Denn euer Unglaube – um auf den Anfang meiner Erklärung zurückzukommen – ist nicht nur außerstande, meine Arbeit zu bremsen, nein, er begünstigt sie sogar, er gehört als schändlicher Irrtum zu den äußeren Merkmalen jenes Niedergangs, dem die Tradition unterworfen ist, eine Tradition, die nach und nach auch der letzten Reste ihrer verödeten Majestät beraubt wird. Die Aussicht bringt gute Kunde, gute Kunde des Dämons. Und so scheint es mir ebenfalls vorteilhaft, wenn der Inhalt dessen, was ich soeben sagte, und auch die Tatsache meiner Erklärungen selbst unwiederbringlich aus eurer Erinnerung gelöscht wird, auf daß ihr all das, wovon ihr Zeugen geworden, für Ausgeburten der Phantasie und für Traumgespinste haltet, all das, meine Herren, was noch soeben vorhanden war und was sich jetzt, in diesem Augenblick, in Nichts auflöst und dem Vergessen anheimfällt.

6 Doktor Luthers Gespräch mit dem Teufel, Wartburg, 1521

Was willst du, räudiges Schwein? Wozu bist du hergekommen? Mich zu erschrecken? Ich fürchte dich nicht, du kümmerst mich so wenig wie der Kuhdreck an der fürstlichen Scheune. Oder willst du mich etwa versuchen? Zur Sünde verlocken, mir Zoten ins Ohr flüstern, meine Begehrlichkeit aufstacheln? Du würdest mich wohl am liebsten so zurichten, daß ich dem Knecht eins in die Schnauze gebe, mich wie ein Ferkel besaufe, die Dienstmagd notzüchtige, wie? Und wenn ich dies alles wirklich tun sollte? Nun denkst du gewiß, du hättest mich endlich unter deinen zottigen Pranken, hättest mir die Kette um den Hals geschlungen und heidi, hinunter zur Hölle! Hoppla, nicht so flink, du bist kein Habicht, ich kein Küken. Sündigen kann ich auch ohne dich, alles, wozu ich Lust habe, tu' ich auch ohne deine Verführungskünste, du dreckige Bestie, ich kann gewiß auch ohne dich sündigen, was tust du dann? Unser Herrgott wird solcher Lappalien wegen nicht einmal den kleinen Finger rühren. Jaaa, wenn du mich in Verzweiflung stürzen würdest, mich an Gott zweifeln ließest, mit Furcht fülltest, mir Schaden zufügtest – gewiß, ich geb's zu, dann wäre es dein Spiel, dann hättest du mich wie das Schnitzel in der Pfanne. Versuch's nur, du Maulwurf, sieh nur zu, ob du mich, den Doktor Luther, soweit bringen kannst, daß mich Verzweiflung überkommt, daß ich Furcht empfinde oder in Schande falle. Gott ist eine starke Festung, und ich, ich hocke friedlich in ihren Mauern, da kannst du machen, was du willst. Die Sünden? Daß ich nicht lache! Nichts als ein Jux für mich, ein Jux auch für Gott, beide lachen wir uns schief und krumm. Ich lebe in Gott, stehe mit beiden Beinen in ihm, du bringst mich nicht vom Fleck, du nicht, verstanden? Nun, wie steht's? Hau ab, hast wohl nichts zu tun, wie? Du verlierst Zeit, mach schon, geh zu den Schwachen, der Doktor Luther ist nichts für dich, du hast die Fährte verloren, hau ab, sag' ich!

Bist du noch immer da? Steht da und glotzt und sagt kein Wort. Was soll das? Hat's dir am Ende die Rede verschlagen? Du schweigst, als wärst du darauf aus, mich durch dein Schweigen zu besiegen. Aber daraus wird nichts, ich kann genausogut schweigen, sogar besser als du, nur wenn ich will natürlich, jetzt will ich nicht. Du aber guckst und schweigst, guckst und schweigst.

Was denn nun, bist du unter die Fische gegangen? Zur Steinsäule erstarrt? Mach, daß du 'rauskommst, sonst werd' ich nervös. Ah, jetzt weiß ich's, das ist es, worauf du aus bist, du wartest auf meinen Zorn, denkst dir, der Herrgott würde ihn mir als Sünde anrechnen. Da lache ich aber, bei soviel Dummheit! Weißt du denn nicht, daß jeder edle Zorn, der sich gegen den Satan richtet, beim Jüngsten Gericht in pures Gold verwandelt wird?

Du lieber Himmel, wenn dir wirklich soviel daran liegt – dann unterhalten wir uns eben ein wenig, warum nicht, mir kann's nicht schaden, ich rede, mit wem ich will, mit Gott, mit dem Teufel, nur weiß ich nicht recht, worüber wir beide uns unterhalten sollten. Siehst du die Blätter hier auf dem Tisch? Weißt du wenigstens, was das ist, du Lumpenkerl? Die Schrift, die Heilige Schrift ist es, unsere Wehr gegen dein Geflüster, gegen all deinen Mumpitz, schau nur, schau, aha, ich weiß Bescheid, worauf du aus bist! Nun wird dir klar, daß das ganze Volk die Schrift lesen wird, und davor graust dir, nicht wahr? Der Haß hat dich geblendet, die blanke Furie überrannt. Nun sag schon, sag, du Krummnase, was wird wohl jetzt aus dir? Ah ja, jeder wird's lesen, jeder die Wahrheit erkennen können, jeder Bauer, jeder Tagelöhner wird – wenn er nur lesen kann – alles wissen dürfen, und du? Wo bleibst denn du mit deiner Lüge, deiner Ketzerei? Das schmerzt, das kratzt, jetzt begreif' ich's erst, Kanaille, dies ist der Punkt, an dem du Unfrieden stiften, Verwirrung schaffen willst, an dem du schaden, den Menschen das Gotteswort stehlen willst. Nur hast du bei mir kein Glück mit diesen Ängsten, das Volk wird seine Schrift bekommen und basta. Sie wird zum Eigentum aller werden, und wenn du vor Ärger platzt. Die Schrift kommt...

»Vater unser, der Du bist im Himmel,
geheiligt werde Dein Name...«

Und? Du suchst noch immer nicht das Weite? Auch beim Anblick des Kreuzes nicht? Apage! Das ist alles? Nun, den Magen hat's dir zumindest umgedreht, leugne nicht, du bist am Ende, hältst die Schnauze, dies Kreuz zerfrißt dir die Gedärme, nicht wahr? Von Doktor Luther darfst du kein Mitleid erwarten, er hat für Menschen keines übrig, wie sollte er da für dich welches aufbringen, alter Hexenopa. Du langweilst mich, hörst du? Du stehst und glotzt, als wolltest du meine Seele mit deinen Blicken durchbohren und Gott weiß was darin lesen. Was kann denn schon viel dabei herauskommen?! Gott – ja, der reicht bis auf den tiefsten Grund hinab! Gott sieht die geheimsten Gedanken so klar und deutlich wie eine Stadt im Mittagslicht, er erforscht die verborgensten und sündigsten Begierden, keine Schweinerei, kein schmutziges Gelüste entgeht seinem Blick. Und du? Du bringst es nicht einmal fertig, die Oberfläche der Seele flüchtig abzutasten, nur die allergröbsten Sünden fallen dir auf, und da bildest du dir ein, wunder wie schlau zu sein! So denkst du, und nicht anders, gib's endlich zu! Jaja, sieh's dir nur an, ich lasse auch Gott zusehn, soll er's ruhig wissen, bitteschön, es liegt ja alles obenauf. Die Sünden? Ah ja, die Sünden. Aber was bin ich denn schon, ein Heiliger etwa? Kein Heiliger und kein Sünder, aber immerhin ... Sünder und Sünder ist ein Unterschied, ich hab's dir schon einmal gesagt, Gott schaut auf ganz andere Vergehen, das aber, worauf es in der Seele ankommt, ist bei mir so rein wie ein frischgewaschenes Tischtuch.

Worauf bist du aus, was gibt's da zu sehen, warum wälzt du deine Glotzaugen heraus? Völlerei sagst du, Sauferei? Nun denn! Wozu haben wir den Leib, was ist er denn anderes als ein Wischtuch voller Sünden? Ich sündige mit dem Leib, bin verfressen, zugegeben, na und? Der Geist ist willig, allein das Fleisch ist schwach! Geschlechtsgier? Aber doch nur in Gedanken, nur im Geiste, nicht in der Tat, gewiß, gewiß, auch das ist Sünde, wer aber das Weib ansehet usw. – Matthäus V, 28 – also Sünde, aber was soll man tun, schon der Bauch weigert sich, dem Geist zu gehorchen, was soll man da erst von all dem anderen sagen, von dem, was unterhalb des Bauches sitzt?!

Hochmut? Oh nein! Genug, Schätzchen, hier übertreibst du, Hochmut wirst du bei mir nicht finden, weder du noch mein Herr, es gibt keinen Hochmut in mir, keine Spur davon, nicht für 'n Sechser, nichts als reinste, allerreinste Demut. Was ich tu', tu' ich nicht aus mir heraus, sondern aus Gottes Allmacht. Was ich kann, kann ich durch Gott. Selbst bin ich nichts als Staub, in Gott aber bin ich alles, Gott diene ich, göttliche Wahrheit predige ich, nicht aus meiner eigenen Kraft, meiner eigenen Klugheit, sondern aus der Gottes. Demut! Wenn ihr nicht werdet wie die Kinder usw. – Markus X –, da hast du das königliche Geheimnis! Ich kenne die Wahrheit, doch es ist nicht die meine, sondern Gottes Wahrheit, nicht aus mir ist sie gekommen, nicht auf mich führe ich sie zurück, die Kraft Gottes ist meine Weisheit, aus ihr kommt meine Kenntnis, ihr entspringt meine Klugheit, wo bleibt da der Hochmut? Kein Gramm davon wirst du in mir finden, nicht mal ein Stäubchen.

Faulheit? Davon redest du wohl erst gar nicht, wie? Sogar du, schamloser Lügner, der du bist, schämst dich, im Zusammenhang mit meiner Person von Faulheit zu reden. Doch schade um die Worte. Neid? Wohl restlos meschugge, alter Gauner, was? Auf wen sollte ich wohl neidisch sein, und weswegen? Ich habe alles, was mein Herz begehrt, habe Gott, was brauche ich mehr? Sollte ich etwa auf dich neidisch sein? Deiner Zaubertricks, deiner magischen Kraft wegen und weil du die Macht hast zu erschrecken, zu verführen, zu versuchen? Das hieße, die Hölle zu beneiden, während man selbst im Himmel sitzt. Wie dumm du bist, Schluß mit dem ganzen Gerede, es ist umsonst, genug!

Der Kopf tut mir weh von deinem Geschwätz und all dem Unsinn. Jetzt geh' ich wohl schlafen, hab' heute genug gearbeitet, den ganzen lieben Tag am Tisch versessen, und warum dies alles? Natürlich, alles nur deinetwegen, um dir zuzusetzen, jawohl, um dir auch noch jenen letzten Zipfel zu entreißen, an welchem deine Klauen die Menschheit gepackt halten. Alles zielt auf dich ab, winde dich nur, spei, wirf mit Bosheiten um dich, du Untier, Gott wird dir trotzdem mit eigener Hand den Boden abgraben, Zoll um Zoll, und es ist gut so. Nicht hier auf Erden, nein. Hier unten sollst du regieren, die Welt sei dein Eigentum, hier magst du dich in Hermelin hüllen und dir eine Krone aufsetzen, kannst auf allen Thronen sitzen, selbst auf dem päpstlichen. Vor dem Tor zum Königreich Gottes aber wirst du wie ein Hund winseln, den man bei Frost ausgesperrt hat, und man wird dir nicht öffnen. Du sagst, du willst nicht? Dann doch nur, weil du nicht kannst. Und warum kannst du nicht? Natürlich nur, weil du nicht willst. Du willst nicht, weil du's nicht kannst, du kannst nicht, weil du's nicht willst. Ich hätte das gesagt, wirklich? Jawohl, es ist die Wahrheit. Wenn du nur einmal wolltest, schon wärst du drinnen, aber du kannst nicht wollen, du bist gezwungen, dich nach dem Sumpf zu sehnen, um dich darin suhlen zu können, quälen mußt du dich, vor lauter Wut mit den Zähnen knirschen – und dabei ist dir sogar der Wunsch verwehrt, von all der Qual und dem Zähneknirschen freizukommen, denn wünschtest du es dir, so würde dies bedeuten, daß noch ein Funken Gutes in dir verblieben ist, daß du noch auf Erlösung hoffen darfst, aber Pustekuchen! Und so lebst du in Qual und verlangst zugleich nach ihr, sie aber bleibt ewig die gleiche, und du weißt, daß du einem nie endenwollenden Martyrium entgegengehst und es dennoch – wider die Natur sozusagen – noch vergrößern möchtest. Ein Wunder sondergleichen, und doch ist Gott zu ganz anderen Dingen imstande.

Warum rollst du die Augen? Weil ich dich an dein Schicksal erinnert habe? Oho, du hast es im Kopf, dein elendes Los, nicht einen Augenblick lang lassen sie es dich vergessen, dies ist der Grund, weshalb du dich windest und zweiteilst und dreiteilst und die Seelen auf dich ziehst, nur damit noch mehr Qual die Welt erfüllt, damit du nicht allein bleibst in deinem Elend, deinem Grauen, deinem pechschwarzen Sarg, in dem du für alle Ewigkeit verfaulen wirst. Schlimm für dich, aber gerecht...

»Unser täglich Brot...«

Immerhin, einen Vorteil hast du – du kennst die Furcht nicht, du lebst im Tode, kennst keine Hoffnung, somit auch keine Angst. Wer Hoffnung hegt, muß in Angst leben, du aber, rettungslos verdammt, fürchtest dich vor gar nichts mehr.

Damit willst du mich verblüffen? Daß dir die Furcht etwas

Unbekanntes ist? Daß du in völliger Gewißheit lebst? Und ich? Lebe denn nicht auch ich in der Gewißheit, und ist dir das nicht schon seit langem bekannt? Ich habe mich ein für allemal meines Willens begeben, habe mich selbst für ewige Zeiten an Gott verpachtet, ich kenne keine Furcht, weil meine Gerechtigkeit nicht mein, sondern Gottes Eigentum ist, alles vermag ich, nichts gibt es, was mich schreckt, ich lebe nicht in mir, denn in mir selbst leben – das hieße, sich deinem Zepter zu unterwerfen, ein Leben in Gott aber bedeutet, daß man sich selbst aufgegeben hat. Ich sagte – nun bin ich dein, Herrgott –, sagte – nun gehöre ich dir, samt allem, was du begehrst, nun tu', und es wird klug und weise sein, was immer du tun wirst. Mehr braucht's nicht, nicht die Spur, der Rest ist dein, Versucher, nimm dir, was du willst, Tugenden wie Sünden, Klugheit wie Dummheit, Gerechtigkeit wie Ungerechtigkeit, ich gebe dir alles.

Sieh dir doch einmal an, womit du regierst! Alles kannst du haben, was immer du begehrst, bis auf das eine. Du willst die ganze Welt besitzen, Reichtum, Macht, Städte, Länder, Könige? Sie sind dein, im gleichen Augenblick. Du willst die Sünde regieren? Da hast du sie. Die Tugend? Auch sie ist dein, dein die Tugenden, die Gelehrsamkeit, Gerechtigkeit, dein die Reinheit und das Almosen – alles dein. Was denn noch? Nach dem einen, einzigen verlangst du? Das bekommst du nie. Schon die allerletzte, allerwinzigste Seele verwandelt deinen Palast in einen wüsten Trümmerhaufen, sobald sie gläubig vor Gott zu weinen anhebt, schon sind sie dahin, Städte und Reichtum, umsonst die guten und die bösen Taten, umsonst Babylon und Rom. Für diese eine Seele, die da um ihres Glaubens willen vor dem Angesichte Gottes wie Wachs zerfließt, wärst du bereit, die ganze Welt hinzugeben, die Sonne und die Sterne. Doch gerade sie hast du nicht, sie bekommst du nicht.

Wozu sag' ich dir das alles, wenn du's ohnehin weißt? Doch

wohl nur, um die Zeit totzuschlagen, die mir wahrlich zu schade ist für unnützes Gerede.

Dies eine, einzige Mal kann ich – wenn du's durchaus wünscht – einen Pakt mit dir schließen. Einen Pakt, für einen Tag, für eine Stunde – willst du? Ich würde die Arbeit an der Schrift für einen Tag zurücklegen, schon ein Vorteil für dich, denn wenn sie auch nur um einen Tag später gedruckt erscheint, so wird sich ganz ohne Zweifel zumindest eine Seele nicht retten können – dein Sieg also.

Nun gut, es sei dein Lohn. Dafür verlange ich von dir nur eines: Zeige mir für eine Stunde deine Wohnung, aber mit allem Drum und Dran! Den Papst will ich sehen, wie er bis an den Hals in siedendem Schwefel steckt, die römischen Prälaten, über dem Rost aufgespießt wie Wild, all jene betrügerischen Poeten, in alle Ewigkeit ins kalte Eis eingefroren. All das möcht' ich sehen, mein Auge daran laben. Zeigst du's mir? Für dich ist es nichts, es kostet dich keinen Pfennig, und der Gewinn ist sicher, ein, zwei Seelen gehen bei der Verspätung der Heiligen Schrift sicherlich zugrunde. Kein großer Verlust für mich, bei all den Seelen, die ich augenblicklich dem Herrgott gewinne – für dich aber ist's viel. Nun? Steht der Handel?

Nein? Du sagst kein Wort, du Fetzen, du schweigst und basta! Na gut, wenn nicht – dann nicht, bitteschön sagen kommt nicht in Frage. Nun aber sieh zu, daß du fortkommst, aber 'n bißchen flott, wenn ich bitten darf; ich rede hier umsonst, und die Zeit verfliegt...

Tja, diesmal hast du gewonnen. Für einen Augenblick, einen sekundenschnellen blitzhaften Augenblick, hast du gewonnen. Aus eigener Kraft hatte ich dich vertreiben wollen, der Wille des Menschen sollte den Versucher verjagen, schon kam es mir so vor, schon glaubte ich daran, daß menschliche Kräfte ausreichen würden, wider den Satan zu fechten. Doch nun hat mir der Herr meine Ohnmacht gezeigt, maledictus qui confidit in homine, gedemütigt hat mich der Herr, gratias aeternas, meine Schuld. Bleib hier sitzen, Dämon, zu meiner Bestrafung.

Jaaa, ... wahrlich, sie steckt in uns, die Wurzel der Hölle, et est radix inferni in nobis. Wahrhaftig, du hast gar leichte Arbeit, du Mißgeburt, gar leichtes Spiel, du brauchst die leere Straße nur anzustrahlen und mit dem Zeigefinger zu winken. Schon hebt das Menschlein einen Fuß, tut einen Schritt, nur ein winziges Schrittchen aus eigenem Willen, und ist schon mitten auf Satans Wegen, rollt höllenwärts wie ein Ball, klopft, keines Gedankens fähig, an Luzifers Tor, wo es um Einlaß bittet.

Leicht geht dir der Seelenfang von der Hand, er ist kaum eine Mühe für dich. So hat der Herr nun einmal die Welt erschaffen. Und warum? Hoppla – welch' dumme Frage, sie allein schon gibt menschlicher Neugier freien Lauf, sie allein erhitzt den verdorbenen Geist, bittet den Teufel um Hilfe. Gott hat es weise gefügt – basta, laßt uns nicht lange fragen. Die Schrift spricht. Cuncta valde bona, valde bona.

Wie auch wir vergeben... Peccavi... So steht's da, ich kann's nicht ändern, muß deine Anwesenheit ertragen, bis daß es dem Herrn gefällt, dich von diesem Ort zu verjagen.

Herrgott, hab Mitleid! Dein Wille geschehe, nicht der meinige. Nimm fort von hier die unflätige Bestie, den schwarzen Geier, verjage den Aasfresser, doch bei alledem geschehe nicht mein Wille, sondern Deiner.

Moder und Furcht, Moder und Furcht! Meine Hand ist so kraftlos wie ein dürrer Ast, doch wenn Du sie anhebst, so wird sie stark sein wie Davids Schleuder. Du wirst sie heben, Herr, ich fühle, daß Du es willst, mit meiner schwachen Hand wirst Du den mächtigsten Herrscher der Welt in die Flucht schlagen, siehe, schon ballt sich die Faust, da ist das wohlgefüllte Tintenfaß, jawohl, so soll es sein, soll der schwarze Saft die kluge Fratze des Versuchers bespritzen, soll er ihm Deinen Haß zeigen. Mit meiner Hand, mit meiner Hand...

Da, dreckiges Schwein, nun flüchte!!

He, Diener, her zu mir, ist einer da vom Gesinde? Diener zu mir! Der Spiegel ist hin, ist zerschmettert!

7 Die Versuchung des heiligen Apostel Petrus

Und es geschah zur Frühlingszeit, in der letzten Stunde des Herrn, da an Petrus, seinen Apostel, die Versuchung herantrat und eine Stimme sprach: »Hörst du mich, Petrus? Ob du mich hören kannst, will ich wissen! Gib acht, Petrus, gib acht. Sie werden dich fragen, werden dir eine gezielte, für alle Zeiten gültige Frage stellen, und diese Frage wird lauten: – Bist du zusammen gewesen mit Jesus von Nazareth, dem Aufwiegler, dem Feind der Obrigkeit und der Ordnung, mit dem, der gekommen ist, das Schwert zu künden und nicht den Frieden, bist du mit ihm zusammen gewesen, Petrus? Was wirst du darauf antworten, überleg's dir, Petrus, überleg's dir gut, es ist die Stunde der Bewährung, eine Probe sondergleichen. Warst du zusammen mit Jesus dem Nazarener, warst du sein Schüler, der Gehilfe seiner Rechtswidrigkeiten?...

Wie meinst du? Daß du es zugeben wirst, gut. Daß du deinen Herrn nicht verleugnen wirst, ihn, den Gesalbten, den Gottessohn, daß du nicht gewillt bist, den Lehrer in der Stunde seines Todes zu verraten. Heil dir, Petrus, gelobt sei deine Treue und die Tapferkeit deiner Seele, denn siehe, es ist das grausamste Martyrium, dem du deinen Leib überantwortest, und dein Leben wird dir unter unendlichen Qualen entrissen werden, dein Leben, und auch das deiner Frau, gelobt sei deine Treue, oh Petrus –

Du fragst? Aber ja doch, du kennst dein Ende, kennst es ohne Zweifel. Schon jetzt hörst du das Krachen deiner Mittelhandknochen, wenn sie der harte Nagel unter den Schlägen des Hammers zerspaltet. Schon jetzt spürst du, wie deine

Arm- und Halsmuskeln allmählich platzen, schmeckst die salzige Feuchte des eigenen Blutes, das aus der berstenden Lunge hervorquellen und dir den Schlund stopfen wird. Oh ja, du fühlst, wie deine Brust von schmerzhafter Atemnot erfüllt wird, wie du – gleich dem Fisch auf trockenem Sand – hilflos nach Atem ringst, wie sich die wildgeblähten Lungenflügel schließen. Und die Eisen an den Fußgelenken – spürst du sie, Petrus? Oh ja, Hanfstricke werden dir die Haut von den Händen schinden, kräftige Stricke. Fühlst du es, Petrus? Und den Schweiß, der sich mit dem Blut vermischt und dir in die Augen rinnt? Und die Haut, die von den Hieben der Soldaten und Gaffer völlig zerschlagen ist? Die Knie, von Stockhieben zerschmettert, das von Messern zerschnittene Gesicht? Nein, das Gebrüll der Zuschauer hörst du nicht mehr, wenn du am Kreuze hängst, selbst gegen Steine bist du dann unempfindlich. Aber ja doch, gewiß werden sie sich amüsieren, es hat ihnen von jeher Spaß gemacht, mit Steinen nach unbeweglichen Zielen zu werfen. Ob es lange dauern wird? Nein, gar nicht so lang, nur vom Morgendämmer bis zum Abenddämmer. Nur bis zum Abenddämmer.

Du fragst, Petrus, was mit deiner Frau geschieht? Nun, du wirst dir wohl vorstellen können, was betrunkene Soldaten mit einer Frau anstellen, die ihren Fäusten überlassen ist. Was soll ich dir da viel erzählen? Du aber, Petrus, du wirst deinen Herrn nicht verleugnen, oh nein,

Wie meinst du? Du fragst nach dem Schicksal der Kirche Gottes, nun, da der Gottessohn fortgeht und du ihm folgst? Tja, sie sieht schweren Zeiten entgegen. Wer wird die Kleinsten führen, wer sie vor Irrpfaden bewahren, vor dem Rückfall in finstere Götzenanbetung, wer wird der Wahrheit neue Seelen gewinnen?

Wenn auf der Scholle, auf der bisher nur Unkraut und Knüppelholz wuchsen, der Weinstock üppig treiben soll, so bedarf es dazu eines großen Gärtners und gewaltigen Könners, eines Eifers, der über menschliche Kraft hinausgeht, eines ungeheuerlichen Opfermutes und eines Fleißes, den nicht ein jeder aufbringt und der niemals ruht. Du fragst, wer diese Last, die einem Giganten Ehre machen würde, denn nun heben soll? Wer kann dir darauf schon eine Antwort geben? Schwere Zeiten ziehen herauf, wahrlich schwere Zeiten.

Bevor die Welt den Erlöser erkennt, bevor sie ihn als ihresgleichen aufnimmt – wer will sagen, was sich bis dahin noch alles abspielen wird? Es heißt, die göttliche Verheißung währe ewiglich; hat nicht er selbst gesagt, daß die Tore der Hölle machtlos bleiben werden vor seinem Königreich? Ja doch, ja, er hat's gesagt, nur daß er uns den Wink gab, gut darauf zu achten, daß das kaum gesäte Korn auch treibt, denn ohne die Fürsorge des Arbeiters, hat er gemeint, würde die Saat elend im Sande verkommen und ersterben. In deine Hände, Petrus, hat er Hacke und Gießkanne gegeben, auf daß du die Aussaat pflegen und sie vor dem Verderben bewahren mögest.

Du fragst, Petrus, was du nun tun sollst? Frag dein Gewissen, hole dir Rat beim Geiste deines Herrn, dem du treu bist und dem du die Treue halten wirst bis zum Jüngsten Gericht. Was du unternehmen sollst? Du hast beschlossen, daß keine Qual und kein Schmerz imstande sein sollen, deine Treue zu erschüttern. Dies, Petrus – gib gut acht! –, ist ein Entschluß von ewiger Gültigkeit, er ist unwandelbar und völlig gewiß. Du mußt nun nur noch an das eine denken: wie du es fertigbringst, die Flamme der Treue, die in deinem Innern lodert, so zu pflegen, daß sie das Höchstmaß an Hitze vermittelt, die Seele mit Wärme umhüllt und dich mit ihrer wonnigen Glut durchdringt. Und so fragst du auch gar nicht danach, Petrus, ob du deinem Herrn treubleiben sollst, dies steht unerschütterlich fest, und selbst wenn die ganze Hölle zum Sturm gegen dich bliese, so würdest du dennoch nicht wanken. Du fragst, welches das Wort sei, daß deiner Treue am ehesten entspräche.

Die Kirche Gottes, die Kirche Gottes... Der Herr hat dich zum Steuermann des heiligen Schiffes gemacht, ob Sturm oder Stille, Krieg oder Frieden, Ruhm oder Niederlage, ob Saat oder Ernte, ob Met oder bittere Galle. Du hältst das Ruder in Händen, du, der du von unserem Herrn gesalbst bist.

Und nun überlege, denke scharf nach, tu's nüchtern, mit dem Mut des Mannes, der erwählt ist vor allen anderen dieser Welt. Du bist dabei, das Steuer loszulassen, um dich gleich jenem zweiten, von dem du weißt, daß er längst tot ist und daß ihn keine Macht der Welt der Tiefe entreißen kann, in die Fluten zu stürzen. Du weißt es, nicht wahr? Hat er es dir verraten? So hat es die Schrift vorausgesagt, so haben es die Propheten in göttlicher Inspiration vorausgesehen, so lauteten die Worte des Herrn. Auf daß sich das Schicksal des Menschen erfülle, auf daß die schreckliche Sünde vergeben werde, derer sich Adams Kinder zuschulden kommen ließen, begibt sich dein Herr einsam auf seinen letzten Weg, nachdem er die Herde deiner Obhut anvertraut hat. Wirst du ihm folgen, die Schäfchen verlassen, nur, um in der Stunde seines Todes bei ihm zu sein und ihm dennoch nicht helfen zu können, wirst du ihm folgen, Petrus? Oh, es ist ein kleinherziger Mut, eine treulose Treue, ein gar ängstliches Opfer, eine billige Geste.

Sich in der Todesstunde des Herrn jedoch selbst aufzuraffen und das Boot durch schwere Stürme künftigem Glanz entgegenzuführen, dem Ungewitter zum Trotz den Platz zu behaupten, überleben, um andere zu retten – das ist in Wahrheit rühmenswert, Petrus!

Prüfe die Last genau, Petrus, die der Herr deinen Schultern aufbürdet. Sie ist schwer, nicht wahr? Die Muskeln erstarren, das Herz erzittert vor Furcht, die Lockung wird übermächtig, die Last von den Schultern zu schleudern und sich in verzweifelter Ohnmacht in den eiskalten Abgrund des Todes zu stürzen. Befreien möchtest du dich, Petrus, möchtest das schwere Amt des Steuermannes gern loswerden, die tödliche Tatenlosigkeit, der löbliche Müßiggang himmlischer Rast sind es, die dich in Versuchung führen. Wie schön wäre es für dich, wenn du für jenen einen Schmerzenstag – für die Zeit vom Morgen- bis zum Abenddämmer – mit dem Siegel unverbrüchlicher Treue versehen an der Seite des Gottessohnes geradenwegs zum königlichen Feste schreiten dürftest. Doch unter grausamen Qualen in irdischem Sumpf ausharren, die Plage des Daseins ertragen, die Bitternis der Undankbarkeit kosten, unter dem Spott der Untreuen und dem Kleinmut der Treuen leiden müssen – das ist es, was dir Furcht einjagt, Petrus, was du sobald als nur irgend möglich loswerden möchtest. Wahrlich, Petrus, es ist kein starker Geist in dir, du willst den leichten Erfolg, hast ein schwächliches Herz, das keiner größeren Tat fähig ist. Wie soll das Wort Gottes jemals die Welt erobern, wenn der, dem es vergönnt ist, es als erster an die Menschen weiterzugeben, sich auf der Flucht vor dem Fleisch dem rühmlichen Tod in die Arme wirft!

Bist du nun unten, Petrus, tief unten auf dem Grund deines Gewissens? Bist du dir endlich deiner eigenen Furchtsamkeit bewußt, die du in deiner Hoffart für Treue und Mut gehalten hast? Begreifst du endlich, welch' teuflischer Versuchung du unterliegen wolltest, als du beschlossest, dem Grauen der Märtyrerschaft zum Trotz zu deinem Herrn zu halten und dich gemeinsam mit ihm an den Pranger zu stellen? Ist dir endlich die verräterische Spitzfindigkeit aufgegangen, mit der dich der Versucher – indem er dir das Blendwerk des Märtyrertums vor Augen hält – von der harten Pflichterfüllung abzubringen versucht, um dem Boot des Herrn den Steuermann zu rauben und die Heilige Wahrhaftige Kirche den Stürmen und Wogen zum Fraße vorzuwerfen und so dem sicheren Untergang preiszugeben? Merkst du die listige Absicht der Hölle?

Was also wirst du tun, Petrus? Verleugnen wirst du den Herrn, jawohl, verleugnen. Nicht nur einmal, oh nein, das ist zu wenig, dreifach wirst du ihn verleugnen, wirst ihn seiner Einsamkeit überlassen, er aber weiß, er kennt deine Seele, sein göttlicher Blick reicht bis auf den Grund deines Gewissens, er weiß, daß du dir die schwerste Last tapfer auf die Schultern geladen hast, um die große Sache zu retten. Er wird dir verzeihen – was sag' ich! – es gibt hier gar nichts, was einer Vergebung bedürfte, seine süße Dankbarkeit von der Höhe des himmlischen Throns herab ist dir gewiß. Er weiß, daß du zum fleißigsten Arbeiter in seinem Garten geworden bist und daß du dich, lediglich, um den Feind zu überlisten, von seinem Namen distanziert hast. Hat er nicht gelehrt, daß ihr listig sein sollt wie die Schlangen, da es sich doch schließlich um den Kampf handelt, den ihr, eine Handvoll Getreuer, blindlings im Finstern gegen den wildgewordenen Mob führen müßt? Ein Krieger des Herrn darf sein Leben nicht nutzlos dem Feinde opfern. Du wirst ihn verleugnen, Petrus, wirst du? Dich dreifach von ihm lossagen? Gelobt seist du, Petrus, gelobt auch dein Mut, deine Großherzigkeit, deine Treue...

Und nun, Petrus, nun darfst du dich endlich, endlich gehen lassen, denk nur, welche Erlösung! Kein Tod also, du lebst, es gibt keine Folter, wie süß ist es, den nichtswürdigen Leib vor den Klauen des Schmerzes gerettet zu haben...«

So hat denn Petrus den Herrn dreifach verleugnet, wodurch er die Große Kirche erbaute und den gewaltigen Ruhm seiner Tat und seiner Treue in die Hände der Nachfolger legte.

8 Dämon und Geschlecht

1. Dem Dämon ist jenes Tor am breitesten ...

Es war für die Exegeten kein geringer Kummer, jenes sechste Kapitel aus dem Buch der Arten: »Und als die Menschen begonnen hatten, sich auf Erden zu vermehren, und Töchter die Menge gezeugt hatten, da nahmen sich Gottes Söhne, da sie sahen, wie schön die menschlichen Töchter waren, soviele von ihnen zu Frauen, wie sie nur irgend erwählen konnten.« Was sind denn das für »Gottessöhne«, die sich in körperliche Techtelmechtel mit den Töchtern der Menschen eingelassen und jenes Geschlecht von Giganten gezeugt haben, von denen im folgenden die Rede ist? Waren es etwa Menschen, der männliche Teil der Menschengattung, wie es gewöhnlich in der Kirche gelehrt wird? Warum also spricht die Schrift zunächst davon, daß sich die Menschen vermehrten, um später hinzuzufügen, daß es die Schönheit der irdischen Töchter gewesen, welche die Söhne Gottes verführt habe? Engel also? Es wäre – um die Wahrheit zu sagen – geradezu unerhört, wenn sich immaterielle Geister in körperlicher Liebe dem sündigen weiblichen Leibe vermählt haben sollten; man darf wohl kaum annehmen, daß die Engel Männer waren, zumal die Kirchendoktoren einhellig anderer Meinung sind. Es sollte in der Tat niemand daran zweifeln, dem das Werk ›Vom Reiche Gottes‹ bekannt ist, wo sich im 9., 10., 11. und 12. Band der heilige Augustin scharfsinnig mit den Dingen auseinandersetzt. Seit der heilige Dionysius Areopagita in seinem Traktat ›Von der himmlischen Hierarchie‹ das Ganze mit denkbar leuchtender

Klarheit dargelegt hat, ist jede Skepsis eine Beleidigung, die dem klaren Menschenverstand zugefügt wird. Halten wir hierzu noch fest, daß der heilige Thomas, da er die Fehler der Judäer und Sarazenen zusammenzählt, im 83. und 88. Kapitel des 4. Buches ›Hochamt wider die Heiden‹ den Beweis führt, daß, wiewohl dem Menschen nach der Auferstehung des Fleisches alle Glieder seiner fleischlichen Hülle zurückerstattet würden (darunter auch jene, die auf Erden der Fortpflanzung dienten, je nach dem Geschlecht, das jedem zu irdischen Zeit zugeteilt worden) und wiewohl sich das weibliche Geschlecht weiterhin seiner angeborenen Schwäche erfreuen dürfe, die also Gesegneten dennoch keinerlei Nutzen aus dem hochhherzigen Geschenk ziehen könnten, weil sie es nicht aus diesem Grunde empfingen, sondern allenfalls »ad integritatem naturalis corporis restituendam«.

Wenn also, wie man folgern darf, nicht einmal die von den Toten auferstandene menschliche Gattung – wiewohl ihrer vollen Fleischlichkeit teilhaftig – jener sündigen Begierde verfällt, um wieviel weniger mag da die concupiscentia carnis im reinen Intellekt enthalten sein, von welchem im fünfzehnten Kapitel des angeführten Werkes der heilige Dionysius sagt, daß er die Lenden, die man ihm im übertragenen Sinne zuschriebe, nur zu dem Zweck besäße, in der Figur des Menschen, die jeglicher Schwäche zugänglich sei, jene gottesfürchtige Fruchtbarkeit darzustellen, die niemals Körperliches gebäre. Es kann also nicht sein, daß die Engel ein wie immer geartetes Geschlecht besäßen; auch läßt sich schwerlich annehmen, es wäre ihnen ursprünglich einmal zu eigen gewesen, bis zu dem Zeitpunkt nämlich, da der Schöpfer – man schämt sich, das Wort auszusprechen! – seine höchststehenden Kreaturen gleichsam »kastriert« habe. Die Vorstellung ist mit der Vollkommenheit des Schöpfungswerks unvereinbar.

Und doch ist es andererseits nicht einfach, zum vollen Verständnis dieser Erzählung aus dem Buch der Arten zu gelangen, wenn man jene Vermutung bezüglich der Engel fallen läßt. Mehr noch – jeder wird dieselbe Geschichte im Buche Enoch finden, wo sie mit Einzelheiten ausgestattet ist, die in der Tat jeden Zweifel darüber ausschließen, daß es sich tatsächlich um Engel gehandelt habe. Gewiß, die Kirche läßt es nicht zu, daß das Buch Enoch unter die Schriften der Offenbarung gezählt werde; da aber die Offenbarung – um den Begriff »Fehler« zu vermeiden – zumindest »Rätsel« enthält, so mag es erlaubt sein, sich des Unoffenbarten zu bedienen, um die Sache gründlicher zu erforschen. In der Tat sagt das Buch Enoch, die Engel des Himmels wären – von der Schönheit der irdischen Töchter verführt und von unbezähmbarer Begierde nach ihnen getrieben – zweihundert an der Zahl zum Berge Armon herabgestiegen und hätten begonnen, sich mit den Bewohnerinnen der Erde in irdischer Liebe zu verbinden; ihr Anführer aber sei Samyara gewesen, der zusammen mit allen übrigen das Gelübde abgelegt habe, niemals zu leugnen, was er geschworen.

So war – dem Buche Enoch zufolge – die geschlechtliche Flamme die Ursache für den Fall der Engel. Und aus der Gier nach körperlicher Vereinigung entstand das Geschlecht der Dämonen, die von altersher darauf lauern, den Menschen zu verderben, und deren Durchtriebenheit und Schläue unbewußt darauf hinwirken, daß sich die unbegreiflichen Urteilssprüche des Schöpfers erfüllen. So kommt es, daß das Ur-Böse des Weltalls, jenes satanische Prinzip, das bis zum Tage des Jüngsten Gerichts nicht aufhören wird, die Sterblichen irrezuführen, seinen Anfang einzig und allein dieser Tatsache verdankt, dieser Zweifaltigkeit in geschlechtlicher Hinsicht, die der Menschenrasse von allem Anbeginn an gegeben ist (und nicht, wie die Gnostiker Origines, Eriugen und Jakob Böhme behauptet haben, erst *nach* dem Sündenfall). Auch nimmt es nicht wunder, daß es eben diese eine sündige Stelle ist, mittels derer die teuflische Lockung am öftesten Einlaß findet, weil dort, wo die Gier am größten ist, sich auch die Schwäche am deutlichsten bekundet. Es steht dies mitnichten im Gegensatz zu den Ausführungen des heiligen Augustus, der im zwanzigsten Kapitel des 9. Buches aufzeigt, wie sich der Name »Dämon« von »Wissen« ableiten läßt, woraus klar ersichtlich sei, daß die Natur des Teufels in erster Linie vom Hochmut der Wissenschaft getragen würde. Es gibt hier keinen Widerspruch, pflegen wir zu sagen, schließlich wisse jeder, daß die libido sciendi und die libido sentiendi allzeit Gefährten seien. Fragen wir nicht, welche von beiden zuerst da war: Er ist es, der überall und in allem der erste gewesen ist.

Man hat über die Kniffe und Listen, derer sich der Dämon zwecks Übertölpelung der menschlichen Seele bediente, seit Tertullian ganze Bibliotheken geschrieben, und es gibt eine Menge Werke, die in den Zeiten des heutigen Verfalls nur selten wiederaufgelegt werden, in denen all jene Schliche aufgezählt sind, mittels derer die Sterblichen beiderlei Geschlechts unter das Joch des größten Feindes der Menschheit gezwungen werden sollen. Manche Synoden haben die Teufelsbesessenheit als feststehende Tatsache bestätigt, und es hat sich dieser Ansicht eine so große Anzahl von Kirchenvätern angeschlossen, daß man sie vom Standpunkt der rechtgläubigen Kirchenwissenschaft unmöglich länger anzweifeln kann. Man wird beim Studium der Besessenheits-Fälle, derer sich im Verlauf von Jahrhunderten eine recht erkleckliche Anzahl finden läßt, unschwer konstatieren können, daß es unter ihnen kaum einen gibt, bei dem sich zusammen mit dem Glutatem, der das männliche und das weibliche Geschlecht zueinandertreibt, nicht auch ein Funken des höllischen Feuers eingeschlichen hätte.

In einer Zeit – da es Gott zuließ, daß sich als Folge menschlicher Sünden Zerrüttung und Zügellosigkeit zwischen die Getreuen der Kirche drängten – da viele zu ihren eigenen Verderben den verführerischen Einflüsterungen der lutherischen oder kalvinistischen Schismata erlagen – da die Gottlosen in allen Ländern und Fürstentümern frech ihre Häupter hoben – in einer solchen Zeit mußte der Satan eine gewaltige Macht über die Seelen erringen. Dabei ging er bei jedem anders vor: Hier drückte er sich durch diese, dort durch jene Tür, überall suchte er nach der schwächsten Stelle, nach dem Punkt, an dem sich die Versuchung am schwersten würde bekämpfen lassen, und so offenbarte er seine Durchtriebenheit auf tausend verschiedene Arten.

So haben sich denn auch im Laufe der Zeit Unzählige unter seine Fittiche geflüchtet, haben Magie und Zauberei betrieben, aus den Sternen geweissagt, nachdem sie zuvor ihre Seelen dem Teufel verschrieben und sich zu ihrem eigenen Verderben für ewige Zeiten von Gott abgewandt hatten. Andere hinwiederum, Libertiner und Gottlose, von denen es dazumal vor allem in gallischen Landen wimmelte, begannen unter den Einflüsterungen des Verführers lauthals zu künden, der Satan sei nichts weiter als eitle Erfindung und leeres Geschwätz, gut für das mindere Gesinde, für Weiber und Kinder; und um sich den Dämonen dienstbar zu erweisen, leugneten sie glattweg deren Existenz, wodurch sie die Wachsamkeit einschläferten und die verirrten Seelen mit um so größerer Sicherheit in die Netze der ewigen Verdammnis trieben. Hier waren es die Ärzte, die das größte Unheil anrichteten. Denn sie verbreiteten ringsum, jene Besessenheit, so von der Heiligen Kirche als teuflisch bezeichnet werde, sei nichts weiter als Epilepsie und Mondsucht, von natürlichen Kräften nach dem Vorbild anderer Schwächen gestaltet, eine Krankheit also, die ihren Ursprung ätzendem Mißmut verdanke und so beschaffen sei, daß sie von menschlicher Kunst ganz ohne

Gottes Hilfe und ohn' alle Exorzismen, wie sie für derlei Sachen festgesetzt, geheilt werden könne.

Um jenen Zweiflern entgegenzutreten, verfertigte gegen Ende des 16. Jahrhunderts der erlauchte und vielgeehrte Kardinal de Bérulle sein gelehrtes Traktat von den Energumenen; er war in jener Zeit schwerer Schicksalsschläge der Gründer und erste Generalsuperintendent der Kongregation des Jesus-Oratoriums, ein wahrer Pfeiler der Kirche auf Frankengebiet. Wenn wir »Kardinal« sagen, so meinen wir dies im antizipierenden Sinne, denn das Traktat entstammt seinen Jugendjahren, als ihn vom Kardinalshut noch eine gute Strecke Weges trennte; dabei erglänzt er darin in einer so profunden Sachkenntnis und setzt sich auf derart zielsichere Weise mit den Skeptikern auseinander, daß es fürwahr nicht schwerfällt, in dem Schreiben jenen Mann wiederzuerkennen, dessen kräftigen Schultern nahezu die gesamte Kirche des Landes ihre spätere Erhebung und Wiedergeburt zu verdanken haben wird.

Der ehrenwerte Freund des Karmelberges beweist in seiner Schrift, daß schon vom Tage des Erbsündenfalls an der Teufel mit dem Menschen Verkehr pflegte (hier fällt uns auf, wie hübsch sich alles ineinanderfügt, wenn man bedenkt, daß sich beide Erscheinungen – die freche Wissensgier und der verführerische Zauber zwischengeschlechtlicher Beziehungen – in der gemeinsamen sündigen Tat unserer Ururväter derart miteinander verquickten, daß es schier unmöglich ist, der einen oder anderen Vorsprung auszumachen, wozu noch zu sagen ist, daß sich beide gegenseitig Vorschub leisteten). Der Satan – so führt der gottesfürchtige Kardinal weiter aus – umgarnt aus Haß wider Gott den Menschen, der doch nach Gottes Vorbild geschaffen wurde und erst vermittels seiner Sünde teuflischen Mächten den Zugang zu sich freigibt. Er liebt es, Seele und Leib des Menschen gleichermaßen in seinen Klauen zu halten; es ist ein guter Ort für den, dem die Tore des Himmels auf ewig verschlossen sind und für den die Hölle die unerträglichsten Qualen bereithält. Und wenn er als brüllender Löwe den Menschen in seinen Bann schlägt, so kehrt er die natürliche Ordnung um und um und macht, daß zwei Seelen – allen Naturgesetzen zum Trotz – in einem Körper wohnen. Weshalb aber Gott, als Herrscher über Teufel und Menschen, jene Anschläge duldet, ist ein Rätsel, vor dem sich unser beschränkter Geist in Demut beugen muß, die Gerechtigkeit und Güte Seines unergründlichen Urteils rastlos preisend. So ist dies denn auch das stärkste Argument wider Atheisten und Libertiner, das brauchbarste Werkzeug der Konversion – die Teufelsbesessenheit, in der das Grauen höllischer Gefilde wie die Süße Seiner Huld gleichermaßen ihre Macht bezeugen.

Es sei auch nicht verwunderlich, meint der Kardinal, daß der Dämon seit dem Geheimnis der Inkarnation viel öfter über die Natur herfällt und ihr Gewalt antut; er strebe danach, den Schöpfer schamlos nachzuäffen und Gottes unbegreifliche hypostatische Union mit dem Menschen auf seine Weise zu imitieren, indem er seinen darniederliegenden Geist mit der sündigen Geistesbeschaffenheit des Menschen verbinde. Somit ist unwahr, was zuweilen leichtsinnig angenommen wird, daß nämlich das Werk der Erlösung jene höllische Funktion außer Kraft gesetzt habe; der Satan stürzt sich ganz im Gegenteil mit um so größerer Wut auf die christlichen Seelen, und auch Gott ist um so leichter geneigt, das Böse stattfinden zu lassen, da er die außergewöhnliche Fülle seiner Gnade, die er dem Menschengeschlecht in Gestalt der Fleischwerdung zuerkannt hat, mit einer entsprechend höheren Quote des Bösen koppelt. Dies alles bewirkt, daß es heute im Christentum weit mehr Energumene gibt als früher, zu heidnischen Zeiten.

Es ist das schlimmste Übel, das man auf Erden erfahren kann – vom Teufel besessen zu sein. Hier entspricht die Erniedrigung, so der Natur widerfährt, in ihrem Ausmaß jener hohen Ehrung, wie sie dieselbe Natur im Geheimnis der Fleischwerdung erfährt. In dieser härtesten aller Qualen erlischt jedwede Tätigkeit der Seele, sie verliert ihre Macht über den Körper; schutzlos wäre der Mensch teuflischer Grausamkeit preisgegeben, wenn nicht der Schöpfer in seiner Gnade die Kirche mit der gewaltigen Waffe des Exorzismus versehen hätte, mit dessen Hilfe es dem geübten Kaplan ein Leichtes ist, den Feind zu unterjochen und ihn aus dem unglückseligen Leib zu vertreiben. Verfallen wir nicht dem Irrtum, der Glaube allein sei hinreichende Medizin gegen die Teufelsbesessenheit, denn schließlich haben auch die Teufel ihren Glauben und hören dennoch nicht auf, Teufel zu sein. Einzig die ›Allgemeine Kirche‹ kann uns gleichsam als Depositarium der Gnade vor den Schlingen der Hölle bewahren.

Jene Umkehrung der Natur, da zwei Existenzen zu einer einzigen verschmelzen und dabei – Wunder über Wunder! – nicht etwa durch Liebesbande, sondern durch solche des Hasses aneinandergekettet sind – jenes grausame Gesetz des Teufels offenbart sich uns auf verschiedene Art und in unterschiedlichen Abstufungen, auch hat es verschiedene Ursachen. Von Seiten des Menschen kann es die Erbsünde sein, oder eine aktuelle Sünde, die, wiewohl federleicht in unserer Phantasie, auf der Waagschale Gottes dennoch zentnerschwer wiegt. Schon das Kleinkind kann davon befallen werden, wie es uns in seinem 21. Buch des Werkes ›Vom Staate Gottes‹ der heilige Augustinus berichtet. Und zwar nicht etwa der *Person* des neugeborenen Energumenums wegen, das doch infolge seiner Kleinheit von aktueller Sünde, mittels der Taufe hingegen von der Erbsünde befreit ist, sondern weil seine *Natur* dem Feinde ihren Tribut zollt.

Es irren jene, die da annehmen, daß sich die Folgen des Besessenseins in Merkmalen manifestieren, wie sie gemeinhin den Dämonen zugeschrieben werden, zum Beispiel durch ungewöhnliche Häßlichkeit oder außerordentliche Intelligenz. Verschiedene Menschen, unterschiedliche Mittel – das ist die Methode, welcher sich der Erzfeind bedient, um rascher zum Ziele zu gelangen. Fromme bezwingt er durch Anwendung seiner übernatürlichen Gaben, Neugierige – durch Intelligenz, Zauberkünstler – durch Bosheit. Was aber die Kirche betrifft, die ja, wie dem Satan bekannt, stärker ist als er, so bedient er sich ihr gegenüber der Arglist, nicht der Kraft, und er betrügt sie, statt sie besiegen zu wollen. Drum zeigt er sich vor dem Menschen im Löwenfell, vor der Kirche hingegen – im Fuchspelz. Gott aber, wiewohl er das Böse zuläßt, setzt seinen Betrügereien ein Ende, und er gestattet es der Kirche, dem Satan auf die Schliche zu kommen.

Des hochwürdigen Kardinals gelehrte Ausführungen kamen just zur rechten Zeit. Nach dem Edikt von Nantes, durch welches die Ketzer zugelassen worden, war es im ganzen Herrschaftsgebiet des Königs von Frankreich zu einer geradezu grauenerregenden Zunahme von Fällen der Besessenheit gekommen, und es offenbarte sich in ihnen ein so gewaltiges Maß an perversester Höllenbosheit (der ebensoviel Güte und Huld von seiten des Schöpfers gegenüberstanden), daß so mancher unter den Spöttern angesichts der offenkundigen Macht übernatürlicher Erscheinungen verschämt verstummen mußte. Auch hatte mehr als einer unter den Priestern schwere Zeiten durchzustehen, da er gegen Schlangenlist kämpfen mußte, und wenn auch der eine oder andere unter ihnen – weniger der Dämonen, als vielmehr der eigenen Verdorbenheit wegen – in jenen Kämpfen unterlag, so gingen die Besten dennoch siegreich aus der Schlacht hervor und streuten neuen Glanz auf den uralten Ruhm der Heiligen Kirche.

2. Des unzüchtigen Hexenmeisters Verschwörung mit dem Teufel

Es gibt aus jener Zeit wohl niemanden, der unter Satans bissigem Spott schlimmer zu leiden gehabt hätte und in seinem gerechten Kampf üblerem Druck ausgesetzt gewesen wäre als Pater Surin von der Gesellschaft Jesu, der gegen die gewaltigste Horde von Teufeln, die auf den Untergang der Unschuld lauerte, einen Kampf ausfocht, wie ihn die Welt noch nicht erlebt hatte. Und sein Verdienst ist um so höher zu werten, als sich der Höllenfürst in jenem weitberühmten Ringen eben jener minderwertigen und tückischen Gliedmaßen der menschlichen Physis bediente, die der Fortpflanzung und Vermehrung des Menschengeschlechts auf Erden vorbehalten sind, wobei er darauf aus war, die Gott blindlings ergebenen männlichen und weiblichen Seelen mit der Glut körperlichen Verlangens zu füllen und so zu sich hinüberzuziehen. Jahre hindurch tobte ein fürchterlicher Kampf, von dem uns Pater Surin genaueste Kunde überliefert hat, um die Getreuen zu warnen und zu belehren, den Sündigen Anlaß zur Reue zu geben, auf daß sie Gott fürchten und lieben, was schließlich auf eins hinausläuft. Bestätigt wird seine Schilderung durch die zahlreichen Zeugnisse gottesfürchtiger Personen, die jenes heilige Ringen mit eigenen Augen verfolgen durften, und zwar entgegen der verleumderischen Rede mancher Wüstlinge, die sowohl den Pater als auch seine unglückseligen Büßerinnen in Verruf haben bringen wollen.

Vierunddreißig Jahre war Pater Surin alt, als er berufen wurde, sich in den Dienst der großwichtigen Sache zu stellen. Geboren nämlich wurde er am neunten Tage des Monats Februar, im Jahre des Herrn 1600. Er ging nicht nur in seiner Heimatstadt Bordeaux bei den örtlichen Jesuiten in die Lehre, sondern zog auch üppigen Nutzen aus dem feurigen Licht theresianischer Reformen, welches das dortige Karmeliterinnen-Kloster rundum verstrahlte. Er war von tiefster Frömmigkeit erfüllt, hatte er doch bereits als dreizehnjähriges Büblein das Keuschheitsgelübde abgelegt. Nahezu zehn Jahre waren seit dem Augenblick vergangen, da er im Alter von sechzehn Lenzen dem Noviziat der Jesuitenpater beigetreten war und die Priesterweihen empfangen hatte. Später fachte er seinen Glauben und seinen christlichen Eifer durch das Studium der heiligen Theologie verschiedentlich an, wobei ihm ein gnädiges Geschick den Pater Ludwig Lallemant in höchsteigener Person als Lehrmeister und Wegbereiter zuwies. Schon lange bevor er das Christuszeitalter erlebte, waren seine Neigungen im Hinblick auf jenen Weg innerer Frömmigkeit und jenen gewaltigen Durst nach besonderer geistiger Gnade offenkundig geworden, Neigungen, die ihm späterhin so mancher Klostergenosse kleinmütig verübeln sollte und bei denen er sich sowohl vor der heiligen Therese als auch aus dem Exerzitium des heiligen Ignatius seine Anregungen holte. Von Jugend auf hatte er dem heiligen Joseph, dem Gatten des Allerheiligsten Fräuleins, besondere Verehrung entgegengebracht, woraus ihm in seinem Leben zu wiederholten Malen erhebliche Hilfe erwuchs, und er nahm unter dem Eindruck eben dieser Verehrung den Namen Joseph an, den er dem bei der Heiligen Taufe empfangenen Namen Jean beigesellte. Auch wuchs seine Festigkeit, was die Führung und Beratung gottesfürchtiger Seelen anbetraf, insonderheit junger Mädchen und Witwen, wie zum Beispiel jener Frau du Verger, die dem Erlöser dermaßen in himmlischer Liebe zugetan war, daß sie sogar den Blitz Gottes auf sich herabzog, der sie mit überirdischer Süße lähmte; oder der frommen Jungfrau Madeleine Boiret, körperlich unreif und mit Leibesmängeln behaftet, doch von außergewöhnlicher Heiligkeit, eines Mädchens, das sich, aus hugenottischer Familie stammend, zum wahren Glauben bekehren ließ, nachdem sie von der Allerreinsten aller Jungfrauen über den Wert der Unberührtheit belehrt worden, die doch die Ketzer für so gering achteten. Mehr als einmal im Verlauf der Andachts-Übungen hatte der Pater die ebenso grausame wie schamlose Bosheit des Satans und seiner Gesellen bemerken können, die vergeblich versucht hatten, seine Büßerinnen in Versuchung zu führen; so lernte er – anläßlich seiner zahlreichen Besuche bei den Karmeliterinnen – auch jenen Behemoth kennen, der vor allem die Zöglinge der heiligen Therese bedrängte. Doch sind diese ersten Scharmützel mit dem Satan nichts im Vergleich zu dem, was sich späterhin abspielte.

Es war aber der 15. Dezember des Jahres 1634, da Pater Jean-Joseph in der Stadt Loudun anlangte, wohin ihn der Provinzial Aquitaniens gesandt hatte, auf daß er den Exorzisten in ihrem verbissenen Kampf gegen den anstürmenden Teufel Beistand leiste.

Es hatten sich nämlich seit geraumer Zeit Angst und Staunen auf die Stadt gesenkt, aus Anlaß jener unerhörten Überfälle und der Exzesse, die sich der Böse zuschulden kommen ließ und die das Ende der Welt zu prophezeien schienen.

Die Sache hatte ihren Ursprung in einem Streit, der zwei Kanoniker der Kirche des Heiligen Kreuzes voneinander getrennt hatte; Pater Mignon, ein achtbarer Mann von seltener Tugendhaftigkeit, führte vor dem Bischof einen Prozeß gegen den Priester Grandier, der ein Freigeist war und ein nichtswürdiger Wüstling. Von wendiger Zunge und glattem Äußeren, mißachtete er seinen geistigen Stand und war unentwegt darauf aus, sich gleich einem Tier mit schamloser Sünde zu mästen; er stellte den Jungfrauen nach, daß es eine Schande war, nur um sich irgendwo mit irgendeiner paaren zu können. Auch unternahm er größte Anstrengungen, bei den dortigen Ursulanerinnen, unter denen es eine Unzahl frommer, anmutiger und Gott treu ergebener Maiden gab, als Beichtvater unterzukommen. Es waren dies höchst achtbare Schwestern, aus den ersten Geschlechtern, vor allem die junge Priorin, Joanna de Berciel mit Namen, eine Tochter des Barons de Coze, die sie die Mutter Joanna von den Engeln nannten; es gab neben ihr andere, die Gott rühmten, so Schwester Claudine, Richelieus höchsteigene Cousine, und Schwester Anna von der heiligen Agnes, dazu die Schwestern Martha und Katharina.

So faßte denn Urban Grandier Zuneigung zu jenen Schwestern, nur daß es eben nicht jene Art von Liebe war, die sich in feierlicher Ekstase gemeinschaftlich vor dem Schöpfer verbeugt, sondern böseste, ekligste Wollust, die zu erwähnen man sich schämen müßte, ginge es nicht um die Belehrung der Öffentlichkeit. Sie aber durchschauten seine Nichtswürdigkeit, verweigerten ihm den Zutritt und nahmen statt dessen Pater Mignon zum Beichtiger. (Es ist eine Verleumdung, wenn hier und da behauptet wird, sie hätten ursprünglich nach Grandier verlangt und ihn später, als Rache für seine Weigerung, teuflischer Praktiken beschuldigt.) Grandier aber hielt es mit den Teufeln und wurde mit ihnen so vertraut, daß sie ihm ihre Magie und ihre Zauberstückchen beibrachten, auf daß er seine Abscheulichkeiten und Schandtaten um so leichter verüben konnte. So zog er seine von den Teufeln erworbene Schläue zu Rate und beschloß, sich an dem biederen Pater zu rächen; er glaubte, die Nonnen vermittels seiner Künste an sich lokken und körperliche Beziehungen mit ihnen aufnehmen zu können, wobei er – so er mit einer von ihnen in Sünde zeugte – leicht Pater Mignon die Schuld würde zuschieben können, der als Beichtvater Zugang zu den Nonnen hatte. Und es schmuggelte der unreine Versucher den Zweig eines Rosenstrauchs in den Klostergarten, so daß eine jede, die von der satanischen Ausdünstung der eigens zubereiteten Rosenknospe berührt würde, allsogleich vom Teufel besessen und in heftiger fleischlicher Liebe zu eben jenem Urban entbrennen sollte. Es geschah nach seinem Willen: alle Schwestern, von der Mutter Joanna angefangen, wurden die Beute des Satans.

Groß war das Ärgernis, das sich nunmehr über Kloster und Stadt senkte. Die besessenen Nonnen riefen Tage und Nächte hindurch lauthals nach dem Zauberer, dachten nur noch an ihn, während ihnen die Teufel, die in ihnen saßen, die unzüchtigsten Bilder und Worte vorgaukelten, um sie dem allgemeinen Spott preiszugeben. Mehr als einmal erschien Grandier, den teuflische Kräfte durch dickste Mauern dringen ließen, im Innern des Klosters, wo er die Schwestern, allen voran die Mutter Oberin, nächtlings plagte und versuchte. Sieben Teufel auf einmal hielten die Seele der Mutter Joanna umklammert und setzten ihr derart zu, daß sich schon bei der bloßen Beschreibung die Feder sträubt. Die Namen der Hauptsächlichsten unter ihnen aber lauteten: Leviathan, Behemoth, Balaam, Isacaron, Asmodäus.

Pater Mignon entdeckte als erster die Missetat, die sich der Teufel im Kloster zuschulden hatte kommen lassen. Gemeinsam mit dem Priester Barré ging er daran, den Bösen mit Hilfe von Exorzismen an die Wand zu drücken, bis dieser schließlich auf die Frage, wer ihn gesandt, mit Mutter Joannas Lippen zur Antwort geben mußte: Urbanus. Die Sache ging sofort vor den Magistrat und kam alsbald auch dem König zu Ohren, ebenso dem Kardinal Richelieu, der eine Unterhöhlung des wahren Glaubens um jeden Preis zu vermeiden trachtete. Es fehlte nicht an Gottlosen, die behaupteten, der hochberühmte Pater Joseph hätte, den Einflüsterungen der Kapuziner folgend, Pater Grandier beim Kardinal denunziert, indem er ihn für den Autor eines kardinalfeindlichen Flugblattes ausgab, was wiederum Richelieu veranlaßte, den Kanonikus wutenbrannt auf den Scheiterhaufen zu schicken. Es schickt sich nicht, derlei aus der Luft gegriffener Beschuldigungen auch nur Erwähnung zu tun. Indessen löste der König – wie ein gottesfürchtiger Autor jener Zeit vermeldet – das Problem dank seiner angeborenen Frömmigkeit und Sanftheit mit allergrößter Leichtigkeit. Er beauftragte mit der Prüfung der Angelegenheit nämlich Herrn de Laubardemont, der sich zur gleichen Zeit in königlichem Auftrag in Loudun aufhielt, um die städtischen Befestigungen zu schleifen. Jener aber ließ, indem er tapfer den Kampf gegen den Magier aufnahm, den lasterhaften Urbanus ins Gefängnis werfen, zunächst in Angers, später dann in Loudun, während zu gleicher Zeit der Bischof den Dämonen den Krieg erklärte und Exorzisten kommen ließ, unter ihnen auch Pater Lactantius, einen Franziskaner von außergewöhnlicher Frömmigkeit.

Im Angesicht des Allerheiligsten Sakraments durfte der Teufel auf Gottes Verbot hin nicht lügen; so mußte er denn auch mehrmals zugeben, daß ihn Urbanus den Nonnen gesandt habe. Und wiewohl Urban, auf die Folter gespannt, seine Schuld lügnerisch zu verbergen trachtete, ließ sich das unter dem Vorsitz des Herrn von Laubardemont tagende und aus vierzehn Richtern zusammengesetzte Tribunal nicht hinters Licht führen. Es ist eine altbekannte Tatsache, daß sich die Stelle, durch welche der Satan Einlaß in den Körper gefunden, in der Folge als schmerzunempfindlich erweist. So stieß auf Anweisung des Tribunals ein geschickter Chirurg dem Zauberkünstler lange Nadeln in alle Körperpartien, um herauszufinden, bei welcher er keinen Schmerzensschrei ausstoße und somit den Weg verrate, den der Dämon genommen. Es war ein Chirurgus erster Güte, und es blieb am Körper des Teufelsdieners kaum ein Fleckchen, das nicht von Nadeln durchbohrt war: überallhin hatte er gestochen; so kam denn die Sache heraus, denn es erwies sich, daß Urbanus an manchen Stellen seines Leibes fühllos war. Und wenn irgendein Liederling behauptet, der Chirurgus habe auf Anweisung des Tribunals die eine oder andere Stelle absichtlich ausgelassen und so einen Schrei des Inkulpaten verhindert, so ist dies eitel Lüge und nichtswürdige Erfindung. Ja, es erwies sich sogar als unnötig, die Fingernägel gewaltsam herunterzureißen, um darunter nach Teufelsmalen zu suchen, wie es einer der Richter verlangte; niemand, der bei gesundem Verstand war, konnte mehr an der Schuld des Angeklagten zweifeln. Es scheint, als hätte der Satan, im Feuer der Lüge gehärtet, seinem Diener Urbanus verboten, die Wahrheit auszusagen; denn der Magier leugnete hartnäckig und wollte – obwohl alle Beweise gegen ihn sprachen – nicht zugeben, mit dem Teufel Umgang gepflegt und den Nonnen den Ungeist geschickt zu haben; statt dessen bekannte er zynisch, ein Traktat wider die Ehelosigkeit von Priestern verfertigt zu haben, dessen Handschrift man tatsächlich bei ihm fand. Er wurde also weiterhin der einfachen und hochnotpeinlichen Befragung unterworfen, wobei ihm die Richter, um ihn zur Besinnung zu bringen und ihm mittels der Reue und Zerknirschung die Hoffnung auf ewiges Leben wiederzugeben, die Beinknochen zusammenpressen ließen – zu heftig, wie es schien, denn das Mark quoll reichlich. Doch gegen teuflischen Widerstand ist kein Kraut gewachsen, und so zeigte der Söldner Satans weder die geringste Spur christlicher Zerknirschung, noch vergoß er Tränen, obgleich ihn die frommen Richter liebevoll ermahnten.

Auch hatten die besessenen Nonnen, von den Exorzisten befragt, alle möglichen Beweise gegen Urban geliefert. Als deutliches Zeichen des Besessenseins galt die Beherrschung einer Sprache, die man nicht kannte; so antwortete denn auch Mutter Joanna in fließendem Latein. Laßt uns an dieser Stelle unsere Ohren verschließen vor den höchst ärgerlichen Worten des Gottlosen, der da behauptet, Mutter Joanna hätte von klein auf Lateinunterricht genossen und wäre außerstande gewesen, Urban, als er sie auf griechisch befragte, eine Antwort zu geben; es ist sattsam bekannt, welche Gemeinheiten sich die Feinde der Kirche einfallen lassen, wenn es um die Verteidigung der Ihren geht. Und schließlich soll es Dämonen geben, die selbst die Bauern an Dummheit übertreffen, wie es Pater Lactantius bestätigt. Daß die Nonnen der teuflischen Verstrickung zum Opfer gefallen, erweist sich nicht zuletzt auch daran, wie ein gottesfürchtiger Augenzeuge ausführt, daß es ein Ding der absoluten Unmöglichkeit ist, daß sich Jungfrauen, aus guten Familien stammend, gebildet und fromm erzogen, zu derlei Lästerungen und widerwärtigen Redensarten hergeben würden – Redensarten, die keine Feder zu wiederholen wagte –, ohne daß sie vom Teufel besessen wären. Dabei stießen sie öffentlich und an geweihtem Orte die schamlosesten Zoten aus, wie zuvor vernommen, und wurden von furchtbaren Krämpfen geschüttelt, und ihre Leiber wanden sich mit einer Gelenkigkeit, sie sie selbst angeborene Gewandtheit nicht zustandegebracht hätte; es ist unausdenkbar, daß sie etwa gewillt gewesen wären, eine so schreckliche Sünde freiwillig auf sich zu nehmen – nämlich einen unschuldigen Menschen dem Tode preiszugeben; auch lasse sich, wie jener Zeuge vermerkt, die teuflische Besessenheit klar aus der Tatsache ersehen, daß selbst der König und der Kardinal, »la première intelligence de l'Etat«, fest an sie glaubten, wobei der Gedanke, daß diese beiden sich irren könnten, allein schon eine Todsünde bedeute. Freilich – es hat einen nichtswürdigen Schuft gegeben, der Urbans Schuld in einem von ihm selbst herausgegebenen Bändchen aufs Frechste verneinte und die Lüge verbreitete, die Schwestern Agnes, Klara und etliche andere dazu hätten in ihren Aussagen bekundet, keinesfalls vom Teufel besessen, wohl aber von den Vätern Lactantius und Mignon überredet worden zu sein, falsches Zeugnis abzulegen, wobei Herr de Laubardemont Befehl gegeben habe, jene Aussagen zu Protokoll zu nehmen; er lügt, sage ich nochmals, und wenn es wirklich so war, so kann es sich nur um einen neuerlichen Kunstgriff des Teufels handeln, durch den die armen, besessenen Nönnlein verführt wurden; auch ist es eine Lüge, daß nur die Mutter Oberin allein imstande war, Krämpfe vorzuführen, und daß man sie jedesmal präsentierte, wenn Gäste eintrafen, welche die Austreibungen beaugenscheinigen wollten. Doch straft sich jener Verleumder selbst Lügen, denn sein nichtswürdiges Büchlein trägt weder seinen Namen noch die Stadt, in der es gedruckt; auch der gottlose Drucker hat seinen Namen verschwiegen, woraus hervorgeht, daß sich beide ihrer Lügenhaftigkeit bewußt waren und Furcht davor hatten, von ehrlichen Leuten erkannt zu werden.

Das Maß der teuflischen Gemeinheit aber, die in Urban steckte, zeigt sich allein schon daran, daß er von seinen satanischen Praktiken selbst im Gefängnis nicht abließ, in das man ihn gesteckt; es bekannten nämlich die Nonnen am 3. Juni, daß ihnen der Unhold aus seiner Zelle – man schämt sich, es laut auszusprechen – eigenen Samen habe zukommen lassen, auf daß sie so befruchtet würden und höllische Ungeheuer in ihren Schößen ausbrüteten.

So kam denn die Sache ans Licht, und fünfzehn Richter fällten – nachdem sie den Fall unvoreingenommen und in Liebe geprüft hatten – am Ende das gerechte Urteil, den Urbanus Grandier bei lebendigem Leibe öffentlich zu verbrennen. Das Urteil, am 18. August gesprochen, wurde am selben Tage vollstreckt, doch unterwarf man den Diener Satans zuvor dem Verhör, auf daß er seine Helfershelfer verrate. Später fuhr man ihn zum Platz des Heiligen Kreuzes (gehen konnte er nicht mehr, da ihm seiner Widerspenstigkeit wegen beide Beine zerschmettert worden), barhäuptig, im Hemd, den Strick um den Hals, in Händen eine brennende Fackel von zwei Pfunden Gewicht. Und alle sahen, welch ein gottloser Mensch er war, da er selbst vor dem Angesicht der Gerechtigkeit nicht eine Spur von Reue zeigte und – zwei Stunden vor seinem Tode – das höchst frivole Madrigal ›L'heureux séjour de Parthenie et d'Alidor‹ zu singen sich vermaß. Sie gossen ihm, da sie ihn fuhren, aus lauter Mitleid in großen Mengen Weihwasser übers Gesicht, so daß er kaum Atem schöpfen konnte. Dennoch verharrte er in teuflischem Trotz und saß auf dem Wägelchen, seine spöttische Miene beibehaltend. Selbst als er schon am Pfahl hing, versuchten sie immer noch, ihn zu bekehren und Reue in ihm zu erwecken, so unerschöpflich war das Mitleid der frommen Väter. Ein Mönch schlug ihm das eiserne Kruzifix links und rechts ins Gesicht, auf daß die Satansbrut zur Besinnung käme, er aber wandte den Kopf beiseite und weigerte sich, das heilige Erlöserbildnis zu küssen. Im letzten Augenblick noch schob ihm Pater Lactantius einen brennenden Strohwisch unter die Nase, indem er ihn bat, sich vom Teufel loszusagen, doch der hartgesottene Zauberer gab frech zur Antwort, er kenne keinen Teufel. Schließlich setzte Pater Lactantius den Scheiterhaufen in Brand, und da begann der Magier auf einmal zu schreien, man habe irgendein Versprechen nicht gehalten, das man ihm zuvor gegeben; so starb er, brüllend, von Flammen umloht. Pater Gurin erzählt, die Allerheiligste Jungfrau hätte selbst in der Stunde des Todes für die Seele des Sünders gebetet, und die Teufel, so in den Nonnen saßen, hätten bis zum Schluß vor lauter Angst gezittert, Urbanus könnte am Ende doch noch widerrufen (welch teuflische Unruhe sich deutlich auf den Gesichtern der Nonnen gespiegelt hätte); und als er stürzte und in den Flammen unterging, da sei die Freude der Dämonen groß gewesen, weil sie die Seele der Hölle bewahrt hatten.

So hat denn die Gerechtigkeit dem Diener Beelzebubs seine verdiente Strafe zugemessen, und dabei hatte die Auseinandersetzung mit dem Teufel selbst noch lange kein Ende gefunden, zumal er fortfuhr, seine Wut an den unglückseligen Schwestern auszulassen, so daß ihn die Väter mühselig von dort vertreiben mußten.

Mannigfaltig sind die Beleidigungen und Gemeinheiten, welche die Teufel späterhin in der Welt ausstreuten, um den Prozeß zu verunglimpfen: so zum Beispiel, daß es der Neid der Mönche war, die den weltlichen Priester verderben wollten, weil nämlich zwischen dem regulären und säkulären Klerus Feindschaft herrschte, oder: daß der Kardinal Urbanus lediglich aus purer Bosheit verfolgte und seinen christlichen Eifer demonstrieren wollte, auf daß ihm die Liga keinerlei Sympathien für die Ketzer vorwerfe, oder wiederum ganz andere Lügen, wie es die Teufel eben so an sich haben.

3. *Des Teufels wirkungsvolle Austreibung*

Pater Jean-Joseph Surin, der lange Jahre hindurch wider die Teufel focht, hat nicht nur ein wunderhübsches Bändchen unter dem Titel ›Triumph göttlicher Liebe‹ geschrieben, worin er über seine Kämpfe berichtet, sondern auch noch ein zweites Werklein ausgebrütet, in dem er die verborgenen Praktiken für den Fang frommer Seelen aufzeigt, so ihm die Teufel selbst verraten. Es trägt dies kostbare Werk den Titel ›Die experimentelle Lehre von den Dingen des anderen Lebens, so der Pater Jean-Joseph Surin höchst-selbst erworben!‹ Er beweist uns darin schlüssig, daß es entgegen allen liederlichen Erfindungen tatsächlich sowohl Teufel gibt als auch Fälle teuflischer Besessenheit, und er beschreibt verschiedene Dinge, die ihm die Höllenbewohner gezwungenermaßen verraten haben. Es handelt sich somit also weder um eine Krankheit noch um Hypochondrie oder Wahn, da doch Menschenkraft niemals bewirken könnte, was Mutter de Nogeret (die von einem Teufel mit Namen Las besessen war) zustande brachte: das Haupt rückwärts bis zur Erde zu neigen und die eigenen Fersen zu berühren, oder aber sich mit der Stirn aus voller Kraft so rasch gegen Brust und Arme zu schlagen, daß es über jede Wahrnehmung hinausging; restlose Versteifung des Körpers, Hartwerden und Strecken der Zunge, heftiges Funkeln der Augen – all dies sind laut Surin Merkmale satanischer Besessenheit. Vom Exorzismus gebannt, erzählte der Dämon Isacaron Pater Surin, wie es zum Engelssturz gekommen (es zwingt nämlich Gott die Dämonen, die Wahrheit zu sagen, sobald ein Exorzist weise und reinen Herzens daran geht, seine Pflicht zu erfüllen). Als nun Gott den Engeln das Geheimnis der Inkarnation enthüllte und ihnen seinen Plan kundtat, unter die Menschen zu gehen und selbst ein Mensch zu werden, da rebellierte ein Teil unter ihnen, denn sie wollten keinem menschlichen Wesen huldigen, und der Himmlische Vater stieß die Aufwiegler zur Strafe in die Hölle hinab. Es gibt aber unter ihnen eine Rangordnung, jener entsprechend, nach der sich im Himmel die englischen Chöre gliedern. Die drei Hauptteufel stammen von den Seraphim ab; es sind dies Luzifer, Beelzebub und Leviathan, und sie kämpfen gegen die drei Personen der Heiligen Dreieinigkeit. Die höheren Teufel befehligen die niederen und strafen sie. Und obwohl der Dämon ein reiner Geist ist, kann er dennoch körperlich handeln, ja, er bezeigt darin eine Fertigkeit, die ganz außergewöhnlich ist; er kann sich nämlich gleich einer Schlange zu ganz erheblicher Länge dehnen, dem Platze gemäß, den er in der Hierarchie einnimmt: so strecken sich die seraphischen Dämonen bis zu einer Länge von dreißig Meilen, die tieferstehenden hingegen entsprechend geringer. Es kann aber ein einziger Dämon innerhalb des gesamten Raumes mit seinen beiden Enden gleichermaßen Böses tun, wenngleich nicht beidseitig dasselbe; er kann dem einen Menschen in Toulouse zusetzen und gleichzeitig den zweiten in Bordeaux ansprechen. Und niemals wird der Dämon müde bei seiner Arbeit, wiewohl es doch äußerst beschwerlich ist, sich einer Seele in besessenem Zustande zu vermählen. Da aber der Satan auf Grund der Erbsünde auf alle Menschen gleichermaßen ein Anrecht hat, so trachtet er auch nach allen, indem er die Schwäche als Anhaltspunkt ausnutzt. Drei Methoden sind es, derer sich der Teufel beim Menschen bedient: Versuchung, Obsession und Besessenheit; die erste wendet er gegen alle an, mit der zweiten zieht er nur auf manche, die dritte schließlich gelingt ihm nur ganz selten, doch auch sie bedeutet grausige Qual sondergleichen, wie das Beispiel der unglückseligen Ursulanerinnen beweist.

Nachdem nun der Zauberer in Flammen aufgegangen war und seine Seele dem Teufel übergeben hatte, begannen in der Stadt Loudun die Austreibungen mit verstärktem Eifer. Pater Lactantius zwang die Dämonen, das Allerheiligste Sakrament anzubeten, was sie denn auch unter gräßlichsten Zuckungen taten. Schließlich mußte auch Dämon Asmodäus versprechen, gemeinsam mit zwei weiteren Genossen zu einem eigens vorbestimmten Zeitpunkt den Leib Mutter Joannas zu verlassen, wobei zum Zeichen des Austritts drei Löchlein unter der Brustwarze zurückbleiben sollten. Es geschah wie vereinbart: die drei Dämonen flohen, durchschlugen das Mieder und hinterließen auf der Brust drei kreisrunde Öffnungen. Daß kein Betrug dabei vorlag, beweist allein schon die Tatsache, daß die Mutter fortan von jenen Dreien verschont blieb. Aus Rache fielen die Dämonen nunmehr über Pater Lactantius her, der dann auch alsbald seinen Geist aufgab. Der Bischof verließ die Stadt, König und Kardinal aber beschlossen, den Jesuiten die Fortführung der Exorzismen zu überantworten. So fuhr Pater Surin, wiewohl an Leib und Seele krank, nach Loudun, und er faßte den Plan, da ihn beim Anblick der besessenen Schwestern das blanke Mitleid überfiel, sie durch Gebete und mit Hilfe der Wissenschaft auf den Platz des inneren Lebens zurückzuführen und ihre Herzen und Willensäußerungen dergestalt zu wandeln, daß die Teufel zum Austritt gezwungen würden.

Unmittelbar darauf kam es zu einem wenig angenehmen Fall höllischen Blendwerks. Dämon Zabulon, der die Schwester Klara befallen hatte, gab sein Versprechen, die Nonne am Abend der Heiligen Nacht zu verlassen und ihr zum Beweise des Austritts den Namen Jesu auf die Stirn zu schreiben. Pater Elysäus, der Exorzist Schwester Klaras, vertraute leichtgläubig dem Lügner, doch die Dämonen, so die Priorin befallen hatten, straften jenes Versprechen Lügen. Menschenmengen versammelten sich am Heiligabend in der Kirche; bei Gebeten, Gesängen und Exorzismen warteten alle gemeinsam, auf daß sich bei Schwester Klara die versprochenen Merkmale zeigten; als die Folgen ausblieben, verliefen sie sich und schimpften auf die Lügenhaftigkeit des Teufels.

Anders war es mit der Priorin, die Pater Surin höchstselbst exorzierte. Sie war ein Mensch von schwacher Gesundheit und starken Leidenschaften; die letzteren waren es auch, mit deren Hilfe sie der Dämon in seinen Bann schlug, ohne sie wieder freigeben zu wollen (obwohl hinzugefügt werden muß, daß sie von klein auf fromm war und schon im Alter von acht Jahren den Schwur ewiger Jungfräulichkeit abgelegt hatte). Es war Isacaron, der Dämon der Wollust, der ihr die ärgsten Qualen zufügte; er versuchte die Mutter Tag und Nacht, vollführte Schandbares auf ihrem Leib, ließ nächtlings Zauberer und Hexen in ihre Zelle, die dann vor den Augen der Ehrenwerten Mutter die scheußlichsten Widerwärtigkeiten vollbrachten, die sie gezwungenermaßen mitansehen mußte. Um sie dem Gelächter und der allgemeinen Schande preiszugeben, machte der Dämon, daß sich ihr Bauch wölbte und sie als Schwangere umhergehen mußte; ja, es schoß ihr sogar die Milch in die Brüste; auch drohte er, ihr einen toten Säugling ins Bett zu schmuggeln. Doch ließ es Gott zu keiner derartigen Schande kommen, und die Unbefleckte Jungfrau bewirkte, daß der Dämon all jenes Blut wieder ausspie, so er im Schoße Joannas gesammelt hatte.

Oh, es war eine schwere Arbeit, die dem Pater Surin aus der Tatsache erwuchs, daß der Dämonen viere nach wie vor im Innern Joannas hockten. Unaufhörlich ins Gebet vertieft, flehte er Gottes Mitleid auf die unglückliche Seele herab, predigte, den Mund am Ohr der Besessenen, in lateinischer Sprache vom inneren Weg und den Wohltaten, so einem aus dem Bündnis mit Gott erwüchsen; er zwang die Teufel, das Heiligste Sakrament anzubeten, den Isacaron aber schlug er in Gedanken mit großer Tapferkeit, wodurch er ihm so manche Pein zufügte. Bei alledem zog er in reichlichem Maße Nutzen aus der Hilfe, die ihm der heilige Joseph gewährte. Des Teufels Wut spiegelte sich in Mutter Joannas Gesichtszügen wieder, er drohte, die ganze Hölle aufzubieten; der tapfere Pater erschrak mitnichten, sondern fuhr in seinem Kreuzzug fort.

Den Dämon Balaam zwang er, ihm aus Paris drei konsekrierte Hostien heranzuschaffen, die in die Hände von Magiern geraten waren, welchen Auftrag der Teufel denn auch unter gewaltigen Qualen ausführen mußte, wodurch der Pater Jesus Christus aus den Händen der Feinde befreite. Mutter Joanna führte er auf den Pfad der Reinigung, Erleuchtung und Vereinigung, indem er jegliche Regung der Gnade in ihrem Innern eifrig verfolgte, sie zu innerer Vollkommenheit anhielt und solchermaßen ihre Seele veränderte. Als aber die Dämonen sahen, daß mit ihm nicht zu spaßen war, da faßten sie den Beschluß, den Pater selbst zu umgarnen, was sie auch schleunigst taten. Der Geist der Unzucht, Isacaron mit Namen, war der erste, der in ihn fuhr, und es verspürte der Pater, als er am 19. Dezember zu Bett ging, jenes unreine Feuer, das schon seit langem erloschen war in seinem Körper und das der Satan nunmehr von Neuem anfachte, um den Kaplan mit Gewalt zu schmählicher Schandtat zu zwingen. So versuchte er ihn wieder und wieder, wand sich in Gestalt einer Schlange rund um seinen Leib, trübte die Reinheit seiner Seele und seinen Schlaf, schlüpfte in gaukelnde Trugbilder schauerlich lockender Frauenleiber, unterwarf ihn der Folter unbeschreiblicher Begierden, wobei er ständig dicht unterhalb des Magens sich aufhielt, um von diesem Schlupfwinkel aus mit unerhörter Geschwindigkeit die übrigen Körperglieder zu überfallen und den ganzen Körper zu beherrschen. Tag und Nacht wurde der Pater von grausamen Verlockungen geplagt, ob er allein war oder sich bei der Oberin oder den anderen Schwestern aufhielt. Zwar trotzte er – mit Unterstützung der Allerheiligsten Jungfrau – ungebeugt all jenen Anfechtungen, doch litt er unaussprechliche Qualen. Der Satan trug Verwirrung in seine Gedanken, raubte ihm Hirn und Rede und ließ ihn schließlich wiederholt öffentlich zu Boden stürzen, erstmals am Karfreitag, wobei sich der Pater zitternd und bebend und unter gräßlichen Verrenkungen hin und her werfen und mit den Zähnen nach den Händen schnappen mußte, so nach ihm griffen, woraus die übrigen Väter unschwer seine Besessenheit ablesen konnten. Gräßliche Schreie, wildeste Schüttelkrämpfe und Bocksprünge mußte er ertragen, unbezwingbare Wut hielt ihn in ihren Klauen, und seine Seele war voll und ganz vom Dämon umfangen, so daß sich zwei Geister in einem Leibe vereinigten, deren einer Gott zugetan war, während der zweite – auf dem tiefsten Grund des Elends und der Bedrückung dahinvegetierend – wildesten Haß wider den Schöpfer spie und selbst das Heilige Sakrament zurückwies. Mit blitzartiger Geschwindigkeit sprang der Dämon aus dem Leibe der Mutter Joanna in den des Paters über, so daß sie, die nebeneinander standen, abwechselnd seine Torturen erduldeten. Leviathan hielt die Geisteskraft des Paters gefangen, schickte ihm die unbarmherzigsten Kopfschmerzen, raubte ihm den Appetit – wobei er ihm unaufhörlich versprach, daß man ihn auf der Stelle verschonen wolle, sobald er auf seine Bemühungen hinsichtlich der Oberin verzichten würde. Von Ostern bis Pfingsten dauerten jene öffentlichen Heimsuchungen – es war nämlich die Absicht des Dämons, zu erwirken, daß Pater Surin auf Veranlassung seiner Vorgesetzten als Irrer aus der Stadt abberufen würde. Doch schlug der Anschlag fehl, die Arbeit an Mutter Joanna nahm ihren Fortgang, und langsam begann die Besessene, seinen Worten Gehör zu schenken. Neben Isacaron, der sie zu wollüstigen Taten anstachelte, war es vor allem der Dämon Balaam, der sich ihre angeborene Neigung zu Lustbarkeiten und Gelächter zur Zielscheibe seiner Bosheit auserwählte. Um seinen Anfechtungen zu widerstehen, umwand sich die Priorin mit einem Dornengürtel, der ihren Leib aufs Empfindlichste verletzte und jeder sündhaften Belustigung erfolgreich wehrte. Eine neue Teufelslist bewirkte, daß Mutter Joanna alsbald mit übergewöhnlicher Schönheit beschenkt wurde und den exorzierenden Pater fortan mit wahren Schlammfluten von Verunglimpfungen und sonstigen Scheußlichkeiten bewarf; der aber schlug jegliche Attacken tapfer zurück und verabreichte dem Teufel, so sich im Leibe der Oberin verborgen hielt, kräftige Maulschellen; er legte – nachdem er die rasenden Glieder an eine Bank gefesselt – der Besessenen das Heilige Sakrament auf die Brüste und versuchte liebevoll, Tränen und Reue bei ihr hervorzulocken. Sie aber spie abwechselnd gräßliche Lästerungen und atemberaubende Zoten und schrie mit fremder Stimme, um sich im nächsten Augenblick wildschluchzend und tiefverzweifelt als rettungslos Verdammte selbst zu beweinen. Geduldig lehrte sie der Pater die Geheimnisse des Inneren Lebens; er weckte in ihr Haß und frommen Abscheu gegen sich selbst sowie die Liebe zu Leiden und Demütigungen. Einmal geschah es sogar, daß der Dämon – es war Leviathan, des Christus Erzfeind in eigener Person – Pater Surins Gestalt annahm und sich zur Mutter Joanna begab; als diese jedoch seine Kriegslist an den üblen Ketzereien erkannte, die er von sich gab, da warf er sie voller Wut zu Boden.

Um die Natur in sich abzutöten, des Teufels Heimstatt zu zerstören und den Dämonen, so ihre Seele besetzt hielten, jegliche Nahrung zu entziehen, unterwarf sich Mutter Joanna – wiewohl von schwächlicher Konstitution –, dem Rat des Paters folgend, immer größeren Kasteiungen. Harte Bretter waren ihr Nachtlager; sie begann, ein härenes Unterkleid zu tragen und sich vom Feuer fernzuhalten. Sie geißelte sich mit großem Fleiße, dreimal täglich, wies jegliche Nahrung von sich und aß, um den gräßlichen Hunger zu mildern, mit dem sie die Teufel plagten, ausschließlich Speisen, die Ekel in ihr erregten und ihrer Gesundheit Abbruch taten, wie Rindergalle und ähnliches. Da aber dem Dämon jede kleinste Schwäche genügt, um Einlaß beim Menschen zu finden, und er unaufhörlich die verderbte Natur nach Fundamenten durchstöbert, auf denen er seine Heimstatt errichten könnte, verlegte sich Leviathan versuchsweise darauf, sich ihren Stolz zunutze zu machen; es war nämlich die Priorin ein Fräulein aus bestem Hause und von sorgfältigster Erziehung. So ging denn Mutter Joanna unter dem Einfluß der subtilen höllischen Einflüsterungen dazu über, ihre Worte elegant und zierlich zu setzen, den Kopf hoch zu tragen und sich aufs Sorgfältigste zu frisieren. Pater Jean-Joseph ließ, um ihren sündhaften Stolz zu brechen, zu Zwecken der Austreibung Bettler kommen, und er befahl ihnen, mit ihren Füßen das Antlitz der Besessenen zu treten und sie, da sie sich beklagte, zu ohrfeigen, wofür sie ihm großen Dank bezeugte. Er zwang seine Büßerin, ihre Köchin kniefällig zu bitten, sie möge sie mit Ruten auspeitschen, was diese auch willig tat. Er plauderte ihre Sünden aus, öffentlich vor den Schwestern, und empfahl ihr überdies, ihre eigenen Vergehen auf Knien vor allen ihren Nonnen zu bekennen, und als sie vor dem Teufelsaustreiber eine gesonderte und ausführliche Lebensbeichte abgelegt – was über einen Monat in Anspruch nahm –, da machte er dies Geständnis mit ihrer Einwilligung der Allgemeinheit zugänglich.

Doch wäre der Dämon kein Dämon gewesen, wenn er – all den übermenschlichen Anstrengungen zum Trotz, die Pater Surin infolge der Liebe Gottes unternahm – ohne weiteres das Feld geräumt hätte. So ließ denn eines Tages bei der Beichte der Dämon Leviathan durch den Mund der Mutter Oberin frech verlauten, es ginge nicht an, hochgeborene Fräulein derart grausam zu traktieren. Der Pater bedrohte den Satan flugs mit Strafen, und er befahl der Beichtenden, des teuflischen Wehgeschreis nicht achtend, sich auf der Stelle zu entkleiden und mit der Peitsche eigenhändig und in reichlichem Ausmaß zu geißeln. Es folgte der Dämon gezwungenermaßen, lästerlich fluchend, Mutter Joanna aber fühlte die Hiebe nur wenig und erinnerte sich späterhin kaum noch daran, daß sie sich entkleidet hatte. In Anbetracht der guten Erfolge, die ihm seine Praktiken eingetragen, ging der Pater dazu über, auch die übrigen Dämonen mit der gleichen Strafe zu belegen, und er befahl – sehr zum Leidwesen der Teufel – wiederholten Vollzug der Geißelungen, wobei er, ohne auf ihr Gewinsel zu hören, sorgfältig darauf achtete, daß sie mitleidlos drauflosschlugen und sich nicht schonten. Und siehe, sie folgten alle, einer wie der andere: Balaam, der die Besessene zur Fröhlichkeit verlockte, ihr von Spielen und vom Trinken erzählend – Isacaron, der die Flammen der Wollust anfachte und nach geschlechtlichen Lüsten rief – Behemoth, der zur Ketzerei antrieb und die Heilige Kommunion zu lästern befahl – und Leviathan, der den angeborenen Hochmut wachrief.

Es erwies sich nunmehr als notwendig, die Besessene vom nächstfolgenden Makel zu befreien: von der Faulheit. Als Pater Jean-Joseph gewahr wurde, daß sich die Priorin nach dem Mittagessen zuweilen hinlegte oder der Ruhe pflegte, da rügte er sie deswegen, indem er es ihr als Laster anrechnete. Sofort schlüpfte der Teufel in der Oberin Kopf und erwiderte frech, es handele sich nicht um ein Laster, sondern um ein natürliches Bedürfnis; doch kam die Priorin schon kurze Zeit später zu sich und bekannte ihre Bereitwilligkeit, jene neue Sünde zu bekämpfen. Von nun an verbot ihr der Pater jegliche Rast, und er befahl ihr, ihrer Faulheit wegen Buße zu tun und sich zu geißeln, wodurch er ihrer Natur in immer stärkerem Maße Herr wurde und somit den Dämonen den Boden unter den Füßen wegzog.

Da ließ sich der Teufel eine neue List einfallen: er bewirkte, daß der oberste Jesuiten-Provinzial eine schlechte Meinung hinsichtlich der Methoden faßte, derer sich Pater Surin bediente; daß er Briefe schrieb, in denen er darlegte, der Pater vertrödele Zeit und gebe den christlichen Glauben dem öffentlichen Hohn preis, und daß es sich nicht schicke, daß der Exorzist die Brüste einer Nonne berühre oder untersuche oder andere ähnliche Dinge triebe; es war des Teufels Verdienst, daß der Provinzial schließlich den Beschluß faßte, anstelle Surins einen neuen Pater zu entsenden. Nachdem dieser angelangt war, gelang es dem Pater, in seiner Anwesenheit – am 5. Feburar 1635 – den Dämon Leviathan aus dem Körper der Oberin zu treiben; es hinterließ aber dieser bei seinem Austritt ein blutiges Kreuz auf der Stirn der Besessenen. Dies war ein sichtbarliches Zeichen göttlichen Willens, Pater Surin bei seinem Werke zu belassen. So setzten die beiden, Surin und der neuangelangte Pater Deaulup, die Exorzismen mit vereinigten Kräften fort. Bald darauf unterlag Balaam und versprach, sich aus dem Körper Mutter Joannas zurückzuziehen und bei seinem Austritt den Namen Joseph auf ihre Handfläche zu schreiben; was er denn auch zwei Wochen nach Leviathans Niederlage tat, und zwar in Gegenwart dreier englischer Ketzer, die sich von weither eingefunden hatten, den Austreibungen beizuwohnen; einer von ihnen, der schon zuvor im Geheimen dem katholischen Glauben gehuldigt hatte, reiste später nach Rom, wo er zur wahren Religion überwechselte und Priester wurde. Nun war es offenkundig, daß man Pater Surin an seinem Platz belassen mußte. Dämon Isacaron ließ wissen, daß er sich nur vor dem Altar der Heiligen Jungfrau von Saumur austreiben lassen würde; als sich jedoch die Vorgesetzten weigerten, einer Reise Mutter Joannas zuzustimmen, da bewirkte der heilige Joseph, daß man den Dämon auch so zum Austritt zwingen konnte; und es trug Pater Surin dem Teufel auf, den Namen Maria der Oberin in die Hand zu ritzen, da er hinausfahren würde, was dieser im Zuge der Austreibung denn auch wutschnaubend befolgte. Dies Wunder aber vollzog sich vor einer gewaltigen Zuschauermenge am 16. Januar 1636. Es trug nunmehr Mutter Joanna zwei heilige Namen dauerhaft an ihrem Körper, die sich – wiewohl sie im Laufe der Zeit scheinbar zu verblassen schienen – dennoch Jahre hindurch auf schier übernatürliche Art und Weise ständig erneuerten, insonderheit an Feiertagen. Es war nunmehr einzig noch der Dämon Behemoth übrig, der sich darauf versteifte, nirgends woanders als am Grabe des heiligen Franziskus von Salez aus dem Körper der Besessenen zu entweichen. Es weigerten sich aber die Oberen, Pater Jean und Mutter Joanna die Reise nach Annecy zu gestatten, indem sie die Meinung vertraten, der bedeutenden Geldausgabe stünde nur ein äußerst unsicheres Ergebnis gegenüber, zumal man die lügenhafte Natur des Teufels kenne. Behemoth aber blieb bei seinem Entschluß, wollte der Austreibung nicht weichen und plagte die Oberin grausam an Leib und Seele, so daß sie dem Tode nahe war. Zum Zwecke der Wiedergesundung befahl ihr der Pater, sich bis aufs Blut zu geißeln, was in der Tat dazu führte, daß sie wieder zu Kräften kam. Während sie betete, verließ der Dämon ihren Kopf und lauerte neben ihr in Gestalt eines schwarzen Hundes; sobald sie aber ihr Gebet beendet hatte, schlüpfte er wieder in sie hinein. Pater Surin wurde schließlich im Oktober 1636 nach Bordeaux abberufen, da er in immer stärkerem Maße der teuflischen Besessenheit anheimfiel; sein Stellvertreter ließ durch seine Unachtsamkeit Mutter Joanna in einem Grade erkranken, daß sie unweigerlich ihren Geist aufgegeben hätte, wenn sich nicht im allerletzten Augenblick der heilige Joseph zur Hilfe eingefunden hätte. So ward ihr wie durch ein Wunder die Gesundheit wiedergeschenkt, ihrem Hemd aber, auf dem von der Berührung des heiligen Joseph ein Mal zurückgeblieben war, entströmte noch Jahre später ein zauberhafter Duft, der eine Unzahl Menschen von den verschiedenartigsten Krankheiten befreite.

Es kehrte schließlich der Pater nach acht Monaten zurück, um die Austreibungen wieder aufzunehmen und sich, wiewohl ihn die grausame Krankheit schwer mitgenommen, auf den allerletzten Dämon zu stürzen. Gemeinsam mit der Oberin legte er ein Gelübde ab, zum Grabe des heiligen Franziskus von Salez zu pilgern, wenn Gott die Mutter vom Satan befreien würde. Es geschah genau am 10. Oktober 1637, am Tage der heiligen Therese, daß die Mutter Oberin von einem gewaltigen Anfall heimgesucht wurde und die schrecklichen Krämpfe ihr Haupt wiederum bis zu den Fersen herabzwangen; dann aber verließ sie der Teufel, den Namen Jesu auf ihrer Hand hinterlassend. So bewiesen die drei heiligen Namen Jesus, Maria und Joseph am Körper der Oberin die wundersame Wirkung der Gnade, als sichtbarliches Zeichen für die außerordentliche Schande und schmachvolle Niederlage, welche die höllischen Mächte hatten hinnehmen müssen. Es blieb die Oberin zu späterer Zeit von weiteren Tätlichkeiten des Teufels verschont, und die wundertätigen Zeichen, so auf ihren Leib gemalt, zu denen sich in der Folge auch der Name des heiligen Franziskus von Salez gesellte, wurden am Hofe zu Paris von vielen Menschen bewundert, darunter vom König und der Königin, vom Kardinal und von vielen anderen Berühmtheiten. Pater Surin aber pilgerte wie versprochen nach Annecy, und von Lyon aus legte er den Weg gemeinsam mit Mutter Joanna zurück. Der König, der sich von der wundersamen Heilung selbst überzeugt hatte, weigerte sich, Geld für weitere Austreibungen zur Verfügung zu stellen, wodurch denn auch alle Exorzisten die Stadt Loudun verließen. Den restlichen Schwestern aber ward alsbald ihre volle Gesundheit wiedergegeben.

So endete die erbitterte Bataille, die Pater Jean-Joseph wider die Übermacht der Dämonen ausfocht, indem er die List und Tücke der Feinde Christi ruhmreich besiegte und unter großen Mühen und reinen Herzens den Triumph der Kirche über den Widersacher erzwang, was der huldvollen Absicht der göttlichen Vorsehung entsprach. Und so trug die Gnade den Sieg davon über die tiefverderbte Natur, indem sie des schamlosen Leibes geile und sündhafte Lüste und Begierden, mit deren Hilfe der Satan die Seelen umgarnte, triumphierend mit Füßen trat.

4. *Wie der Exorzist vom Teufel verfolgt wurde. Schlußfolgerung*

Aus Rache für die schmerzlichen Hiebe, die er ihnen versetzt, stürzten sich – wie schon berichtet – die Dämonen, so aus dem Körper der Mutter Joanna ausgetrieben wurden, nunmehr auf Pater Surins Seele und unterwarfen sie volle zwanzig Jahre hindurch Martern, wie sie die menschliche Sprache unmöglich beschreiben kann. So mußte er denn einen neuerlichen Krieg mit den Teufeln beginnen, über dessen Verlauf er später, als er durch Gottes Gnade die Gesundheit wiedererlangt hatte, eine Chronik verfaßte. Seltsam und nicht zu glauben, was die Dämonen mit ihm getrieben, allen voran aber Leviathan, der Hauptfeind des Heiligen Geistes. Sie lähmten ihm Zunge und Hirn und krallten sich dermaßen in seine Seele, daß sie – wie er es ausdrückt – in seinem Innern und bei vollem Bewußtsein gleichsam ein zweites Ich erschufen, das den Körper mit allen seinen Organen beherrschte, während das erste, echte Ich machtlos die Ausschweifungen des zweiten erdulden mußte.

Man schämt sich, all jene Gedanken und Gefühle zu bekennen, die ihm die Teufel eingeblasen. So glaubte der Pater, daß ihn Gott hoffnungsloser Verdammnis überliefert hätte, was ihn mit unaussprechlicher Verzweiflung erfüllte, obwohl er doch wußte, daß schon vor ihm so mancher gottesfürchtige Mann derlei Dinge erlebt und auch beschrieben hatte, wie zum Beispiel Ludwig Blosius und Heinrich Suso, der heilige Jean vom Kreuze, der heilige Ignatius und die heilige Therese. Es trat die Versuchung an ihn heran, mit sündigem Selbstmord sein Leben zu beschließen, er sprang aus dem Fenster und hielt sich nächtlings das Messer an die Kehle. Doch ließ es Gott nicht zu. Später füllte ihn dann der Dämon mit wildem Haß wider den Erlöser, und es befiel ihn der schwarze

Neid, weil nicht er selbst, sondern Jesus Christus von Gott zur hypostatischen Union auserkoren wurde. Ketzerische Gedanken bestürmten sein Hirn: er glaubte gleich Calvin, Jesus Christus weile nur kraft des Glaubens im Eucharistischen Sakrament und sei mitnichten leiblich in der Hostie anwesend; dann wiederum ward er von manichäischer Häresie umnebelt, so daß er überall – selbst in dem Fleisch, so er aß – die beiden Prinzipien Gut und Böse zu sehen glaubte. Die schlimmsten Versuchungen aber waren diejenigen, die ihn zur körperlichen Unreinheit verlockten und ihn mit Heftigkeit quälten, die sich in ihrem Ausmaß mit nichts anderem vergleichen läßt. Auch der heilige Paulus war derlei Verlockungen ausgesetzt gewesen, wie er in seinem zweiten Brief an die Korinther bekennt, und Gregor von Nazianz litt unter ihnen noch im hohen Alter. Da er sich dergestalt verloren sah, glaubte Pater Jean-Joseph, nunmehr alles nur erdenkliche Böse tun zu müssen, um so dem Willen Gottes Folge zu leisten, wie es sich für Verdammte ziemte; das schlimmste Verbrechen war nach seiner Meinung, Gutes zu tun, während man doch von Gott verworfen war. »Mein allergräßlichstes Vergehen aber« – heißt es bei ihm – »nistete in der Hoffnung, die ich noch immer nährte, und in dem Guten, das ich zu tun mich nach wie vor vermaß.« Es kam dies daher, weil das Wort von der hoffnungslosen Verdammnis, das unentwegt im Ohr des Dämons ertönt, auch die Seele des Besessenen befällt, sobald sie sich mit dem Geiste Satans vereinigt hat. Es waren gar seltsame Dinge, die bei alledem vor sich gingen. So verursachte es dem Pater unaussprechliche Qualen, einmal wöchentlich das Hemd zu wechseln, so daß er jeweils die ganze Nacht vom Samstag auf den Sonntag damit zubrachte und schon vom Donnerstag an vor Angst bebte.

Jahre vergingen, ehe die Martern ein Ende fanden. Es verließ sich aber der Pater in allen Dingen auf Gott, und er tat nichts ohne seine Hilfe und hielt die eigene Seele von jeglicher Tätigkeit zurück. Und er verspürte an sich selbst in zunehmendem Maße das Wirken übernatürlicher Gnade, die ihn von den Dämonen befreite. Er schmeckte Gott, wie man Kürbis oder Muskat schmeckt; dies sind seine eigenen Worte. Es erfüllte ihn eine so unaussprechliche Liebe zum Erlöser und zu dessen unbefleckter Mutter, daß er beide nie anders als mit »Pappi« und »Mammi« anredete. Doch tat er nicht wie jener Jean Labadie, der ebenfalls dem Orden angehörte und außergewöhnlicher Gnade teilhaftig wurde, wobei er aber, von Stolz und Hochmut befallen, seinen Vorgesetzten den schuldigen Gehorsam versagte, die Gesellschaft Jesu verließ und sich zu seinem eigenen Verderben den calvinistischen Häretikern anschloß; Pater Surin hatte seiner Obrigkeit zu keiner Zeit den schuldigen Gehorsam verweigert, obwohl ihm dies so manches Mal argen Verdruß einbrachte, indem sich viele fanden, die voller Neid und Tücke auf die ungewöhnlichen Gnadenbeweise schauten, so ihm widerfahren, sie für Extravaganzen und blanken Wahnsinn hielten und auch die Lehren vom Inneren Leben, so der Pater niedergeschrieben, mit den Statuten der Gesellschaft für unvereinbar erklärten. Er aber wußte, daß man dem Willen der Obrigkeit folgen und blind drauflosgehen mußte, selbst wenn es einem das eigene Gewissen anders vorschrieb, da auch in einem Irrtum der Obrigkeit unfehlbar der Finger Gottes am Werke war.

Es erfuhr dafür der Pater die Süße der Gnade Gottes, die doch von den stolzen Gelehrten und Philosophen derart verachtet wird, in einem Ausmaß, wie sie keine Feder auf Erden je beschreiben könnte. Es behauptet nämlich der Verfasser der ›Verfolgungen‹, daß Gott die Seele des Menschen erst dann aufsuche, wenn dieser so tief darniederliege, daß ihn ein jeder wie Kot mit seinen Füßen zu treten imstande sei.

Es ist ein seltsam Ding, daß seine Seele von dieser himmlischen Verzückung erfüllt wurde, sooft er sich an- oder auskleidete und auch nur das winzigste Fleckchen des nackten Körpers zu sehen bekam, ob es sich nun dreist um eigene oder fremde Nacktheit handelte. Betrachtete er seinen eigenen Leib, so sah er an dessen Stelle die heiligen Glieder Jesu Christi, und seine Seele wurde von einer, wie er sich ausdrückte, göttlichen Erleuchtung überflutet; »seit jener Nacht, in der die Himmelfahrt erfolgte«, schreibt er, »also seit fünfundzwanzig Jahren, ist es kein einziges Mal geschehen, daß mir – sooft ich durch Zufall Nacktes sah – nicht zugleich auch jene innere Scheu zuteil geworden wäre, die so erhaben und heilig war, daß ich Ähnliches bei keiner sonstigen Gelegenheit empfunden. Es stellte sich aber diese Empfindung nicht nur bei bloßem Anblick ein, sondern auch dann, wenn mich die Notwendigkeit zur körperlichen Berührung zwang.« Es waren süße und gottesfürchtige Visionen, und sie verschafften dem Pater, wie es in seinen Betrachtungen weiter heißt, eine solche Vertraulichkeit mit Jesus Christus, daß er ihn wie seinen Ehegatten behandelte, wie sein zweites Ich. »Es erwächst nämlich aus derlei Verzückungen eine Intimität zwischen Gott und Seele, wie sie sonst nur zwischen Ehegatten üblich«, meint der Pater, »und es fließt die Seele zu einer Einheit mit Jesus Christus zusammen und hat so innigen Anteil an dessen Größe, Macht und unvergleichlicher Erhabenheit.«

Nachdem er von Gott so außergewöhnliche Gnade erfahren und von seiten des Teufels mit soviel übler Bosheit traktieret worden, glaubte Pater Jean-Joseph mitnichten, alle diese Dinge sorgsam verheimlichen zu müssen. Vielmehr verfaßte er eine Menge Werke, in denen er zur Erbauung der Gläubigen die Geheimnisse innerer Frömmigkeit und die Wege der Reinigung, Erleuchtung und Vereinigung mit vielen Einzelheiten beschrieb. Groß ist die Anzahl der Seelen, so durch diese gottesfürchtigen Bücher geheilt und auf den rechten Pfad zurückgeführt worden, wiewohl es einige gab, die darin pure Ketzerei zu wittern glaubten. So erfreuen sich denn auch jene Schriften, so sich in der geistigen Schatzkammer der Kirche erhalten haben, bis auf den heutigen Tag, also viele, viele Jahre, nachdem Gott Pater Surin in Gnaden zu sich gerufen (dies geschah am 22. April 1665 zu Bordeaux), großer Verehrung, wiewohl hinzugefügt werden muß, daß eine davon dem Verbot anheimgefallen. Doch ist es nicht an der Zeit, lange über sie zu schreiben, da es ja nicht um sie geht, sondern vielmehr darum, von der Geschichte des heiligen Kampfes, den Pater Surin wider den Dämon ausgefochten, in Kurzem Bericht zu erstatten und jene erhabene Lehre, so sich aus dieser Erzählung ableiten ließe, auf einen späteren Zeitpunkt zu verschieben.

Nur soviel sei hier – da wir zum Anfang des Berichtes zurückgekehrt sind – noch einmal gesagt: sowohl der Pakt, den der nichtswürdige Zauberer mit dem Teufel geschlossen, als auch der Ursulanerinnen unselige Verstrickung, sowohl des Paters Surin mutiges Ringen als auch die Sklaverei im Kerker des Dämons und die spätere Gesundung, all dies zusammengenommen ist für den Abschluß unserer Betrachtung ein Argument von ungewöhnlicher Kraft, ein schlagender Beweis für unsere eingangs proklamierte Schlußfolgerung, wonach sich die Macht des Satans überall dort am deutlichsten zeigt, wo die schamlose Begierde der procreatio im sündigen Leibe wohnet; und da infolge der Erbsünde niemand unter uns sich jener lasterhaften Anziehungskraft der Geschlechter zu entziehen vermag, so werden wir – von dieser Seite aus betrachtet – alle früher oder später ein Opfer teuflischer Bosheit und haben somit nur auf das eine tunlichst zu achten, daß jenes Tor, durch welches der Feind am leichtesten eindringen kann, stets und mit großem Eifer dicht verschlossen bleibe und daß wir somit den Widersacher aussperren und uns selbst das ewige Leben erkaufen.*

ENDE

* Und damit niemand auf den Gedanken komme, wir wollten uns unbilligerweise mit Jaroslaw Iwaszkiewicz vergleichen, der die wunderhübsche Geschichte von der Mutter Joanna von den Engeln komponieret und so den Ruhm der gottesfürchtigen Jungfrau in alle Welt getragen, sei hier die Bemerkung angebracht, daß der Verfasser dieses nichts von dem, so in der Chronik festgehalten, von sich aus dazugegeben, sondern daß er vielmehr alle Einzelheiten aus den verschiedensten Büchern und Memoiren treulich abgeschrieben. Was die Geschichte des nichtswürdigen Magiers anbetrifft, der den Nonnen den Teufel eingegeben, so findet sie sich in Pater Jean-Joseph Surins Buch »Triomphe de l'Amour divin«, das erst im Jahre 1829 in Avignon erschienen. In selbiger Angelegenheit empfehlen wir als opusculum rarissimum: »Véritable relation de iustes procedures observées au faict de la possession des ursulines de Loudun. Et au procês d'Urbain Grandier ... A Poitiers, Par J. Thoreau, et la Véufe d'AN. Mesuir, Imprimeurs, ordinaires du Roy et de l'Université. MDCXXXIV.« Die unwürdige Schmähschrift eines Anonymus, der seine Stimme erhebt, um den Magier zu verteidigen,

trägt den Titel: »Remarques et Considérations seruans à la Justification du Curé de Loudun, autres que celles conteneues, en son Factum«. Über Urban ist später vieles geschrieben worden, so z. B.: Legué (»Urbain Grandier et les possédées de Loudun«), Michelet (»La Sorcière«), Henry Peusa (»Sorcellerie et Religion«, 1933). Sein Ringen mit dem Satan hat Pater Surin mit sämtlichen Details außer in dem oben angeführten Werk auch noch in seiner Autobiographie beschrieben sowie in den Briefen, deren zwei üppige Bände bei Louis Michel und Ferdinand Cavallera in Toulouse (1926/28) erschienen sind, und zwar unter dem Titel »Lettres Spirituelles du P. Jean-Joseph Surin de la Compagnie de Jésus«. Auch andere Werke des Paters Surin, größtenteils nach seinem Tode, auszugsweise und ohne rechte Ordnung herausgegeben, haben wir mit großem Fleiße gelesen: »Les Fondemens de la vie spirituelle...«, 1687, zu Paris; »Catéchisme spirituel«, 1663; »Le Prédicateur de l'amour de Dieu«, Tournai 1851; »Le Guide spirituelle«, 1836; »Dialogues spirituels«, Avignon 1821, 2 Bände; »Contiques spirituelles«, Paris 1669. Über Pater Surin selbst hat Henri Brémond geschrieben, der ein Kenner geistlicher Autoren gewesen ist (»Histoire littéraire du sentiment religieux«, Band V., 1920), seine Unpäßlichkeiten hingegen studierte mit medizinischer Gründlichkeit Jean Lhermitte (»Mystiques et faux mystiques«, 1952).

Leszek Kolakowski

Die Hauptströmungen des Marxismus

Entstehung. Entwicklung. Zerfall.

In 3 Bänden. Erster Band 1977. Autorisierte Übersetzung aus dem polnischen Manuskript von Eberhard Kozlowski. 489 Seiten. Leinen
Band II erscheint im Herbst 1978, Band III im Herbst 1979.

»Eine umfassende kritische Untersuchung der seltsamen Geschichte einer Idee, die mit dem prometheischen Humanismus begann und mit den Ungeheuerlichkeiten der stalinistischen Tyrannei endete.«

Kolakowskis lang erwartetes dreibändiges Werk bietet eine großangelegte Geschichte der marxistischen Lehre. Es ist also nicht oder nicht nur eine Geschichte der sozialistischen Ideen oder ihrer politischen Parteien und Bewegungen. Kolakowski schreibt dazu:
»Wir kennen alle den politischen Hintergrund des zeitgenössischen Interesses am Marxismus. Es ist das Interesse für eine Lehre, die als ideologische Tradition des zeitgenössischen Kommunismus angesehen wird. Sowohl die, die sich selber für Marxisten halten, als auch deren Gegner, erwägen für gewöhnlich die Frage, ist der zeitgenössische Kommunismus, sowohl was die Ideologie als auch was die Institutionen betrifft, der rechtmäßige Erbe Marxens? . . . Die Frage, die sich ein Ideenhistoriker stellt, sollte demnach nicht in der Konfrontation der ›Essenz‹ einer bestimmten Idee und ihrer praktischen ›Existenz‹ in Form der sozialen Bewegungen bestehen. Wir sollten vielmehr fragen, in welcher Weise und infolge welcher Umstände die ursprüngliche Idee fähig war über so zahlreiche und so unterschiedliche, sich gegenseitig bekämpfende Kräfte das Patronat auszuüben.«

Piper

Leszek Kolakowski

Die Gegenwärtigkeit des Mythos

Aus dem Polnischen von Peter Lachmann. 2. revidierte Aufl., 11. Tsd.
1974. 169 Seiten. Serie Piper 49. Kartoniert

Gespräche mit dem Teufel

Acht Diskurse über das Böse. Aus dem Polnischen von
Janusz von Pilecki. Gesamtaufl. 10. Tsd. Neuausgabe 1975.
133 Seiten. Serie Piper 109. Kartoniert

Die Hauptströmungen des Marxismus

Entstehung · Entwicklung · Zerfall. In 3 Bänden. Erster Band 1977.
Autorisierte Übersetzung aus dem polnischen Manuskript von
Eberhard Kozlowski. 489 Seiten. Leinen
Band II erscheint im Herbst 1978. Band III im Herbst 1979.

Der Himmelsschlüssel

Erbauliche Geschichten. Aus dem Polnischen von Wanda Bronska-Pampuch/Mikolaj Dutsch. 3. Aufl., 9. Tsd. 1966. 212 Seiten. Linson

Der Mensch ohne Alternative

Von der Möglichkeit und Unmöglichkeit, Marxist zu sein.
Aus dem Polnischen von Wanda Bronska-Pampuch/ Leonhard
Reinisch. Gesamtaufl. 22. Tsd. Neuausgabe 1976. 312 Seiten.
Serie Piper 40. Kartoniert

Die Philosophie des Positivismus

Aus dem Polnischen von Peter Lachmann. 8. Tsd. 1971.
259 Seiten. Serie Piper 18. Kartoniert

Traktat über die Sterblichkeit der Vernunft

Philosophische Essays. Aus dem Polnischen von Peter Lachmann.
6. Tsd. 1967. 271 Seiten. piper paperback

Piper